Erich Purk · barmherzig

Erich Purk

barmherzig

Der spirituelle Fastenbegleiter

kbw bibelwerk

www.bibelwerk.de

ISBN 978-3-460-27158-6

Alle Bibeltexte: Einheitsübersetzung der Heiligen Schrift
© 1980 Katholische Bibelanstalt GmbH, Stuttgart

Umschlaggestaltung: Finken & Bumiller, Stuttgart
Titelbild: © Albrecht E. Arnold, pixelio.de
Satz und Repro: Olschewski Medien GmbH, Stuttgart
Gedruckt in der Tschechischen Republik

Inhaltsverzeichnis

Vorwort

Hände sprechen ihre eigene Sprache. Glücklich der Mensch, der eine Hand fassen kann, die ihm hilft sich aufzurichten. Dazu findet sich für mich in der Geschichte vom barmherzigen Vater eine der schönsten Worte der Evangelien: „Er sah ihn (seinen Sohn) schon von weiten kommen, lief ihm entgegen, fiel ihm um den Hals und küsste ihn." (siehe Lk 15,20) „Nur Mut!", sagt Papst Franziskus, „Bleibt auf dem Weg des Glaubens mit der festen Hoffnung auf den Herrn. Darin liegt das Geheimnis unseres Weges." Denn Gott offenbart sich uns als „gnädig und barmherzig, langmütig und voller Huld" (siehe Ex 34,6). Der Papst ermutigt alle Christen, auf die Barmherzigkeit Gottes zu vertrauen, die Versöhnung mit ihm und mit sich selbst zu suchen und auch miteinander barmherzig und achtsam zu sein.

Wir werden auf unserem Weg zum Nächsten oft schnell müde und laufen Gefahr zu resignieren. Deshalb ist es so wichtig, sich immer neu zu erinnern an die Zusage und den Zuspruch Gottes. Nur dann kann es eine neue „Kultur der Barmherzigkeit" geben und die „Werke der Barmherzigkeit" können unseren Umgang miteinander verwandeln.

Ich möchte Sie einladen, durch die 40 Tage der Fastenzeit hindurch die zentrale Botschaft der Bibel von einem gnädigen und barmherzigen Gott neu zu hören. Denn es hat schon Bedeutung, wenn wir uns alter Wahrheiten vergewissern, indem wir sie wiederholen und neu hören.

Ein Wort der Psalmen für jeden Tag soll Ihnen helfen, dem vielen Negativen, das täglich auf uns einhämmert, das befreiende Wort Gottes entgegenzusetzen. Es wird uns guttun.

Zum Maß der Barmherzigkeit sagt Pater Leopold Mandic aus Padua: „Würde mich der Gekreuzigte wegen meiner zu großen Barmherzigkeit rügen, würde ich ihm antworten: Dieses Beispiel hast Du mir selbst gegeben."

Danken für ihre Mitarbeit an diesem Buch möchte ich: Professor P. Dr. Leonhard Lehmann aus Rom; Frau Prof. Dr. Edeltraud Bülow aus Münster; Frau Rita Wismann, Schweiz; Frau Dr. Ruth Jeutner, Berlin; Frau Susanne Jeutner, Münster; Frau Verena Schlinkert, Münster; Frau Renate Ostrop, Werne und Frau Dorothee Urban, Münster. Danken möchte ich auch Monika Ciravegna und Renate Ostrop für ihre Korrekturarbeit.

Ihr
Pater Erich Purk

Gottsuche

1. Tag · Aschermittwoch

Es ist Zeit für einen Neuanfang

Rätselhafter Mensch, nach den tollen Tagen des Karnevals lässt er sich Asche auf sein Haupt streuen.

Ratloser Mensch, gesättigt mit Lust und Sinnenfreude ist er wieder offen für Fasten und Verzicht.

Suchender Mensch, der sich in Sackgassen verläuft und umkehren muss.

Enttäuschter Mensch, der verführt und dessen Lebenshunger mit billiger Nahrung abgespeist wurde.

Zweifelnder Mensch, der befürchtet, dass sein Optimismus doch nur ein Betäubungsmittel ist.

Jetzt ist die Zeit sich zu wandeln, jetzt ist Fastenzeit. Jetzt, nicht später, nicht irgendwann. „Kehrt um!", „Bekehret euch!" Diese biblische Herausforderung ist der zentrale Aufruf für Christen am Anfang der Fastenzeit. Christen glauben daran, dass wir unser Leben unter dem Anruf des Evangeliums ändern können. Das ist eine optimistische Sicht unseres Lebens.

Deshalb ist es weise, die Fastenzeit zu nutzen, die Bilanz zu überprüfen und nicht vor sich selbst wegzulaufen. Die Fastenzeit ist die Einladung, den Blick nach innen zu richten. „Fastenzeit" hat für mich einen besonderen Klang. Denn „der Mensch lebt nicht vom Brot allein". Das ist der Sinn der Fastenzeit: freiwillig Verzicht zu leisten, damit die Sehnsucht meines Herzens nicht unter dem Müll des Konsums begraben wird. Den Hunger meiner Seele und den Durst nach Spiritualität möchte ich in den 40 Tagen bis zum Osterfest spüren. Denn ich bin auf der Suche, die harte Kruste oberflächlicher Befriedigungen zu durchbrechen und die echten Lebensquellen neu zu entdecken. Ich möchte in dieser Fastenzeit versuchen, brachliegende Kräfte in mir freizulegen. Ich möchte entdecken, wo mein Streben fehl gelenkt wird. Etwas in mir liegt brach, kommt nicht zur Entfaltung. Ob ich in der Fastenzeit eine Chance habe, zu den Quellen des Lebens durchzudringen? Ich möchte den verkannten und oft sogar missachteten Begriff „Barmherzigkeit" neu hinterfragen. Etwas in mir wartet nur darauf, dass es wie bei einer Geburt ans Licht kommen kann. Fastenzeit bedeutet doch, den Alltag und die Gewohnheiten, die sich so wichtig aufspielen, zu hinterfragen und zu relativieren. Der Aschermittwoch ist daher wie ein Geburtshelfer.

Unser Leben ist oft genug beschädigtes Leben, Leben, das sich von Verletzungen bestimmen lässt. In uns ist Trauer über verpasste Chancen und auch über das eigene Versagen. In der Fastenzeit sollen wir unsere Verletzungen und unsere Trauer Gott hinhalten und auf Gottes heilende Kraft vertrauen. Denn Gott ist barmherzig. Wenn man das deutsche Wort von seiner Entstehungsgeschichte interpretiert, dann bedeutet dies: „Bei Armen sein Herz haben (B-arm-herz)".

Es war und ist mein Anliegen in der Seelsorge, den Menschen die Angst vor Gott zu nehmen und das Vertrauen auf Gottes Barmherzigkeit zu vertiefen. Es hat schon Bedeutung, dass wir uns der alten Wahrheiten vergewissern. Auch möchte ich Sie einladen, ein Wort der Psalmen mit in den Tag zu nehmen. So viel Negatives hämmert auf uns ein. Setzen wir das befreiende Wort Gottes dagegen. Wir werden seine heilende Wirkung erfahren.

Für heute: *Gott, du mein Gott, dich suche ich.* (Ps 63,2)

Er ist vom Himmel herabgestiegen, um uns zu retten

In Glaubensbekenntnis bekennen die Christen seit Jahrhunderten: „Er ist vom Himmel herabgestiegen, um uns zu retten." Wir beten es auswendig und denken nichts dabei. Deshalb ist es so wichtig, sich immer neu zu erinnern.

Den ersten Schritt hat Gott selber getan: Er ist vom Himmel herabgekommen und ist Mensch geworden. Inkarnation ist der erste Schritt der Liebe – der Barmherzigkeit. Er begibt sich auf unsere Ebene. Er scheut sich nicht, so zu sein, wie wir sind. Er nennt uns Schwestern und Brüder. Er hat den Erweis seiner Göttlichkeit nicht dadurch erbracht, dass er alles von oben her regelt. Er ist herabgekommen auf Augenhöhe. Ein Gesicht wird erkennbar, ein paar Augen, ein Mund, ein Kind in der Krippe. Jedes Gesicht ist einmalig. Kein Dutzendgesicht, geklont oder kopiert. Jedes Gesicht ist jetzt heilig. Jedes menschliche Gesicht ist jetzt eine Ikone Gottes. Gott ist in Jesus Christus Mensch geworden.

Der Weg zum göttlichen Kind führt in den Stall. Nicht im Königspalast des Herodes, nicht in den Tempeln von Jerusalem, sondern in einer Höhle auf den Fluren Betlehems zeigte er sich. Seit Betlehem gibt es keinen Ort, wo Gott nicht sein könnte, denn eine Futterkrippe war damals gut genug. „Zu unserem Heil ist er vom Himmel herabgekommen." Der heruntergekommene Gott.

In der Botschaft vom Kind in der Krippe steckt Zündstoff. Es stellt unser Selbstbild auf den Kopf. Der Psychologe C. G. Jung weist öfters darauf hin: „Der Mensch soll immer daran denken, dass Christus im Stall geboren wurde."[1] Für ihn ist das ein Symbol dafür, dass Gott auch in uns geboren werden kann, wenn wir den Mut haben, den „Stall in uns" anzuschauen. Es ist ein Bild für das Unaufgeräumte, das Chaos in uns; für das, was uns peinlich ist, was wir am liebsten vor uns selbst und vor anderen verbergen würden.

Der Weg zum göttlichen Kind führt über den Stall, führt über und durch den eigenen „Stall" unserer Seele. Er führt durch die Schatten, durch all das Verdrängte, das wir vom Leben ausgeschlossen haben. Erneuerung verlangt das ehrliche Anschauen des Dunkels in uns.

Diese Erfahrung finde ich im Gebet eines Papstes wieder. Der große Papst Johannes XXIII. betet mit einfachen Worten: „Ich bin ein armer Hirt, habe nichts als einen elenden Stall, eine Krippe, ein wenig Stroh. Ich biete dir alles an. Wenn du doch diese Hütte annehmen wolltest? Eile, Jesus, sieh, hier ist mein Herz. Mein Herz ist arm. Das Stroh meiner vielen Unvollkommenheiten wird dich stechen. Aber es ist alles, was ich habe. Herr, schmücke mein Herz mit deiner Gegenwart. Verwandle es in eine Wohnung für dich. Ich will dich loben und dir danken."[2]

Für heute: *Durch die barmherzige Liebe unseres Gottes wird uns besuchen das aufstrahlende Licht aus der Höhe.* (Lk 1,78)

3. Tag · Freitag nach Aschermittwoch

Verliebt in einen unfruchtbaren Baum

Warum gehe ich zu den Obdachlosen unserer Stadt? Ja, warum eigentlich? Ich feiere mit einem evangelischen Pfarrer den Gottesdienst in der Clemenskirche. Warum eigentlich? Und es bleibt ja nicht bei diesen Gottesdiensten.
Also mein Glaube? Also Jesus Christus, der sich mit den Außenseitern abgibt? Auf Jesus schauen? Ja, vielleicht. Sein Wort ernst nehmen? Ich kenne eine Reihe Gleichnisse, die mich immer wieder motivieren: der barmherzige Samariter, der verlorene Sohn oder besser: der barmherzige Vater oder der gute Hirt, der dem Einzelnen nachgeht, wenn er sich verläuft. Ein kurzes Gleichnis hat es mir besonders angetan:

Er erzählte ihnen dieses Gleichnis: Ein Mann hatte in seinem Weinberg einen Feigenbaum; und als er kam und nachsah, ob er Früchte trug, fand er keine. Da sagte er zu seinem Weingärtner: Jetzt komme ich schon drei Jahre und sehe nach, ob dieser Feigenbaum Früchte trägt, und finde nichts. Hau ihn um! Was soll er weiter dem Boden seine Kraft nehmen? Der Weingärtner erwiderte: Herr, lass ihn dieses Jahr noch stehen; ich will den Boden um ihn herum aufgraben und düngen. Vielleicht trägt er doch noch Früchte; wenn nicht, dann lass ihn umhauen. (Lk 13,6-9)

Der Feigenbaum stand mitten im Weinberg. Jahre schon. Und jedes Jahr wurde er ein kleines Stück größer. Der Arbeiter, der für ihn und den Weinberg verantwortlich war, sah erwartungsvoll im Frühling, wie der Baum die Knospen ansetzte, wie sie zu Blüten aufsprangen, wie die Blätter sich im Licht entfalteten. Aber im Herbst stellte sich heraus, dass alles Warten auf die Früchte umsonst gewesen war. Der Arbeiter wurde nachdenklich, denn er kannte seinen Herrn. Er ahnte, was kommen würde. Und es kam auch so.

Eines Tages stand der Herr des Weinberges vor dem Baum und der Arbeiter neben ihm. „Hau ihn um", sagte der Herr, „er bringt nichts. Er nimmt den anderen den Platz weg. Hau ihn um!" Aber der Arbeiter schüttelte den Kopf: „Nein, Herr! Können wir nicht noch ein Jahr damit warten, ein Jahr noch? Ich verspreche es. Ich werde mich um ihn kümmern. Ich grabe noch einmal drum herum und packe noch Mist drauf. Vielleicht schafft er es das nächste Mal. Wenn nicht, dann kann ich es nicht ändern."

Ich würde sagen, er ist verliebt, der Arbeiter, verliebt in diesen Baum. Und darum kämpft er um ihn, hofft, dass es noch was wird mit den Früchten, rackert sich ab und feilscht, dass der Baum seinen Platz behält. Er tut alles, weil ihm der Baum ans Herz gewachsen ist.

Ich finde ihn sympathisch, diesen Arbeiter. Ich halte ihn für ein Selbstporträt dessen, der diese Geschichte vom Baum und dem Arbeiter als Erster erzählt hat, ein Selbstporträt von Jesus. Denn Jesus tritt bei Gott, seinem Vater, für uns ein. Er ist unser Verbündeter, der uns nicht aufgibt, auch wenn wir nicht erfolgreich sind und keine Früchte vorweisen können.

Wie der Arbeiter sollen auch wir füreinander eintreten. Der Weinberg Gottes braucht solche Arbeiter, die sich schützend zwischen Gott und den Menschen stellen, die für jeden noch eine Chance suchen und immer noch einen Ausweg erbitten. Die nie sagen: Es ist alles verloren, und die protestieren, wenn jemand zu schnell aufgeben will. Die sich schützend vor den Baum stellen, wenn ihn einer voreilig und gedankenlos fällen will.

In bestimmten Situationen brauchen wir alle einen Freund und Verbündeten, der für uns eintritt. Wie sollten wir leben, wenn keiner mehr einen Finger für uns krümmt? „Per christum, dominum nostrum" – durch Christus, unseren Herrn, so endete früher jede Oration in der Messe. Jesus, unser Fürsprecher, Jesus auf unserer Seite.

Für heute: *Der Freund erweist zu jeder Zeit Liebe, als Bruder für die Not ist er geboren.* (Spr 17,17)

Der gute Hirte – Gott, der dem Verlorenen nachgeht

„Ich bin der gute Hirte", sagt Jesus. Vorher hat Gott selbst sein Handeln an den Menschen in diesem Bild anschaulich gemacht. Die ersten Christen haben das „Bild vom guten Hirten!" immer wieder dargestellt. „Ich bin der gute Hirt", und das heißt: Er passt auf mich auf! Er schaut nach mir. Er lässt mich nicht im Stich. Wer sagt: „Der Herr ist mein Hirte", der weiß: „Ich gehöre zu Gott" und damit wird ausgedrückt, dass man Gott zutraut, dass er uns beschützen kann.

Wenn wir die Heilige Schrift lesen, begegnet uns immer wieder das Bild des „Guten HIRTEN". *Der Herr ist mein Hirte, nichts wird mir fehlen."* (Ps 23,1) Der gute Hirt kennt die Seinen und die Seinen kennen seine Stimme. Er ist vertraut mit uns und wir mit ihm. Er hält Ausschau nach guten Weideplätzen und gönnt seiner Herde Ruhezeiten am Wasser. Er führt die Herde sicher und schützt sie vor Bedrohung durch die wilden Tiere. Er ist nicht wie der Mietling, der bezahlte Knecht. Er sorgt sich um seine Herde und niemand kann ein Schaf seiner Hand entreißen. Kranke Schafe pflegt er und trägt sie auf seinen Schultern. Jedes ist ihm wichtig und er sucht das verirrte, bis er es gefunden hat. Der gute Hirt setzt sein eigenes Leben ein, wenn Gefahren drohen.

Muss ich auch wandern in finsterer Schlucht, ich fürchte kein Unheil; denn du bist bei mir! (Ps 23,4)

Ich fragte Obdachlose: Was braucht es, um auf der Straße zu überleben? Die Antwort, die ich oft bekam: einen verlässlichen Freund, eine todsichere Adresse! Für mich ist eine solche Adresse der gute Hirte. Was für mich am Bild des guten Hirten besonders wichtig ist: Er sorgt sich um jeden. Er geht jedem nach. Jede und jeder ist ihm wichtig. Er lässt sogar eine Weile die Herde allein – die 99 – und sucht das eine Schaf, das sich verlaufen und im Dornengestrüpp verfangen hat. Jeder Einzelne ist so wertvoll, dass er ihn ganz persönlich sucht. Nicht die Menge zählt. Für Gott ist jeder ein unendlicher Wert. Heilsgeschichte ist eine Liebesgeschichte. „Nur Mut!", sagt Papst Franziskus. „Bleibt auf dem Weg des Glaubens mit der festen Hoffnung auf den Herrn. Darin liegt das Geheimnis unseres Weges." Gott offenbart sich uns als „gnädig und barmherzig". Der Papst ermutigt alle Christen, auf die Barmherzigkeit Gottes zu vertrauen, die Versöhnung mit ihm und mit sich selbst zu suchen und auch miteinander barmherzig und achtsam zu sein.

Immanuel Kant, der große Philosoph, sagte: „Alle Bücher, die ich gelesen habe, haben mir nicht das gegeben, was ein Wort aus der Bibel mir gab." In Psalm 23 ist Gott der gute Hirt, der mich führt und begleitet, der den Tisch für mich deckt und in der Gefahr mich beschützt. „Denn du bist bei mir" ist das wichtigste Wort in meinem Leben. Dieser Glaube an den mitgehenden Gott, der mich nie im Stich lässt, ist für mich das Geschenk meines Glaubens.

Für heute: *Der Herr ist mein Hirte, nichts wird mir fehlen.* (Ps 23,1)

Die biblische Botschaft vom barmherzigen Gott

5. Tag · Montag in der 1. Fastenwoche

Ein Herz, das hört:
Fürchte dich nicht!

Können wir heute noch richtig hören? Manchmal gewinne ich den Eindruck, als seien wir eine Walkman-Generation. Immer mehr Menschen sieht man, die sich den kleinen Kopfhörer ins Ohr stecken und für ihre Umwelt unerreichbar sind. Sie schirmen sich ab, machen dicht. Wer sie anspricht, bleibt ohne Antwort.

Gegen alle Blockierungen und Abschottungstendenzen gilt das Wort: Effata – Öffne dich! Schon beim Ritus der Taufe spricht es der Priester über den Täufling aus. Für Israel war es ein heiliges Wort: „Höre, Israel!" Effata – ein wunderbares Wort. Ein Urwort des Lebens. Jesus sagte es vor den Toren Jerichos zum Taubstummen: „Effata!" Und der Mann konnte richtig hören und reden.

Dieses Buch möchte uns die Angst vor Gott nehmen. Es war immer mein Anliegen, den Menschen die Angst vor Gott zu nehmen, einen Gott zu verkünden, der „bei Armen sein Herz hat". Auch das lateinische Wort „misericordia" sagt ja: sein Herz (cor) bei den Miserablen haben. Und wenn ich die Angst vor Gott verloren habe, dann suche ich seine Nähe und halte Jesus als Freund fest. Immer wieder begegne ich in der Bibel dem Wort: „Fürchte dich nicht!" oder „Fürchtet euch nicht!" Ein Bibelwissenschaftler hat einmal nachgezählt, wie oft diese Worte in der Bibel stehen. Er kam auf die Zahl 365. Also für jeden Tag des Jahres ist es uns geschenkt.

Effata möchte ich uns allen wünschen. Denn die Botschaft von der Barmherzigkeit klingt heute für viele altmodisch und wie aus der Klamottenkiste. Aber es ist ein Wort, das Gott selber uns selber offenbart hat. Wenn wir Gott ein wenig näher verstehen wollen, dann müssen wir das Wort barmherzig wiederbeleben und hören, was der Herr uns damit sagen will. Es ist das Wort der Selbstoffenbarung, das er beim Bundesschluss am Berg Sinai dem Mose schenkte: „Ich bin gnädig und barmherzig, langmütig und voller Huld."

Papst Franziskus macht die „Barmherzigkeit" zum zentralen Inhalt seiner Botschaft. „Sich leiten lassen von der Barmherzigkeit Jesu", das ist sein wichtigstes Thema. Christus handelt danach. Er isst mit Sündern und Zöllnern. Der Papst sagt: „Darum lernt, was es heißt: ‚Barmherzigkeit will ich, nicht Opfer'. Denn ich bin nicht gekommen, um die Gerechten zu rufen, sondern die Sünder." (Osservatore Romano)

Für heute: *Der Herr stützt alle, die fallen, und richtet alle Gebeugten auf.* (Ps 145,14)

6. Tag · Dienstag in der 1. Fastenwoche

Wie zeigt sich Gott?

Heilsgeschichte ist eine Beziehungsgeschichte. Die Zehn Gebote beginnen mit dem Satz: „Ich bin der Herr, dein Gott, der euch aus der Knechtschaft befreit hat." Es geht also um die Freiheit des Menschen und um die Gefahr seiner Versklavung durch Götter und Götzen, durch geheime Verführer. Sie wollen nicht unsere Freiheit, sondern nur unsere Abhängigkeit. Wer sich in Liebe an Gott bindet, bleibt frei und wird nicht in die Fänge der Götzen und Götter fallen. Wir müssen uns entscheiden, wem wir Macht und Einfluss über uns einräumen und unter welcher Herrschaft wir leben wollen. Wer sich für Gott entscheidet, vollzieht einen Herrschaftswechsel.

Wenn ich die Bibel richtig verstanden habe, dann ist der Gott, den sie verkündet, keine kalte, stumme Himmelsmacht, kein Gott auf Distanz, fern über Wolken. Nein, Gott schließt einen Bund mit seinem Volk. Er macht sich verletzbar in seiner Liebe. Er leidet am Abfall des Volkes. Er ist sogar eifersüchtig. Als Theologiestudent fand ich die Vorstellung von einem Gott, der eifersüchtig und zornig ist, allzu menschlich. Ich meinte, man müsste das Gottesbild von diesen anthropomorphen Bildern reinigen. Der transzendente, abstrakte Gottesbegriff schien mir der Wirklichkeit mehr zu entsprechen. Später habe ich begriffen, dass solche Theorien und Abstraktionen den Glauben verkümmern lassen. Heute höre ich gerne andere Worte und nehme sie in mir auf. Jahwe spricht: *Kann denn eine Frau ihr Kindlein vergessen, eine Mutter ihren leiblichen Sohn? Und selbst wenn sie ihn vergessen würde: Ich vergesse dich nicht.* (Jes 49,15; vgl. 1 Kön 3,26; Jer 31,20)

Am Anfang zeigt er sich im brennenden Dornbusch. Aus dem Feuer, das brannte und nicht verbrannte, offenbart er seinen Namen für alle Generationen: *„Ich bin der ‚Ich-bin-da'"* (Ex 3,14). Jahwe ist ein Gott, der Anteil nimmt, der sich einlässt auf unsere Geschichte. Der Schrei der Geknechteten und Gequälten dringt an sein Ohr. Das lässt ihn nicht gleichgültig. In Buch Exodus (3,7-8) heißt es: *Der Herr sprach: Ich habe das Elend meines Volkes in Ägypten gesehen und ihre laute Klage über ihre Antreiber habe ich gehört. Ich kenne ihr Leid. Ich bin herabgestiegen, um sie der Hand der Ägypter zu entreißen und aus jenem Land hinaufzuführen in ein schönes, weites Land, in ein Land, in dem Milch und Honig fließen.*

Papst Benedikt hat die Leidenschaft Gottes zu uns in seiner ersten Enzyklika so zusammengefasst: „Schon im Alten Testament besteht das biblisch Neue nicht einfach in Gedanken, sondern in dem unerwarteten und in gewisser Hinsicht unerhörten Handeln Gottes. Dieses Handeln Gottes nimmt seine dramatische Form nun darin an, dass Gott in Jesus Christus selbst dem ‚verlorenen Schaf', der leidenden und verlorenen Menschheit, nachgeht. Wenn Jesus in seinen Gleichnissen von dem Hirten spricht, der dem verlorenen Schaf nachgeht, von der Frau, die die Drachme sucht, von dem Vater, der auf den verlorenen Sohn zugeht und ihn umarmt, dann sind dies alles nicht nur Worte, sondern Auslegungen seines eigenen Seins und Tuns. In seinem Tod am Kreuz vollzieht sich jene Wende Gottes gegen sich selbst, in der er sich verschenkt, um den Menschen wieder aufzuheben und zu retten – Liebe in ihrer radikalsten Form … Diesem Akt der Hingabe hat Jesus bleibende Gegenwart verliehen durch die Einsetzung der Eucharistie während des Letzten Abendmahles."[3]

Der Gott der Bibel macht nicht nur schöne Worte. Er löst sie ein. Später sagt Jesus: „Es gibt keine größere Liebe, als wenn einer sein Leben für seine Freunde hingibt."

Für heute: *Mit deinem Erbarmen komm uns eilends entgegen!* (Ps 79,8)

Gott, der Barmherzige und Gnädige

Wer Freude an der Musik hat oder wer selbst musiziert, weiß, was ein „Cantus firmus" ist. Es ist die Melodie, die einem mehrstimmigen Satz zugrunde liegt, ein „fester Gesang", der immer wiederkehrt. Man wartet geradezu darauf, dass die Melodie sich wiederholt. Die Meisterschaft des Komponisten erkennt man an den Variationen des „Cantus firmus".

Auch die Bibel kennt solche festen Themen der Verkündigung, die in allen Büchern der Heiligen Schrift wie eine Grundmelodie wiederholt werden. Dabei müssen wir beachten, dass die Bibel keineswegs von einem einzigen Schriftsteller stammt. Verschiedenste Verfasser haben an ihr geschrieben: Propheten und Sänger, Weisheitslehrer und Priester, Apostel und Evangelisten. Über Jahrtausende hinweg haben sie alle an der Bibel mitgearbeitet. Umso größer ist unsere Überraschung, dass wir feste Melodien und Grundthemen kennen, die immer und immer wieder aufklingen.

Ein solcher „Cantus firmus" ist die Verheißung Gottes: *Ich bin gnädig und barmherzig.* Es ist ein Offenbarungswort, das zuerst im Buch Exodus dem Mose übergeben wird. Gott hat am Sinai seinen Bund mit dem Volk Israel geschlossen. Doch sofort bricht das Volk die Treue und tanzt um das Goldene Kalb. Gott zürnt und will das Volk vernichten. Auch Mose hat die Tafeln, auf dem die Zehn Gebote geschrieben waren, zerschmettert. Jetzt muss Mose mit zwei neuen Steintafeln wieder auf den

Berg Sinai. Mose bietet sein Leben als Sühne an. Gott lässt sich versöhnen und gibt dem Mose nun das Versprechen: *Ich bin gnädig und barmherzig, langmütig und reich an Güte.* (nach Ex 34,6)

Wörtlich schreibt die Bibel:
[4]Da hieb Mose zwei Tafeln aus Stein zurecht wie die ersten. Am Morgen stand Mose zeitig auf und ging auf den Sinai hinauf, wie es ihm der Herr aufgetragen hatte. Die beiden steinernen Tafeln nahm er mit. [5]Der Herr aber stieg in der Wolke herab und stellte sich dort neben ihn hin. Er rief den Namen Jahwe aus. [6]Der Herr ging an ihm vorüber und rief: **Jahwe ist ein barmherziger und gnädiger Gott, langmütig, reich an Huld und Treue.** (Ex 34,4-6)

Dieses Wort aus dem Buch Exodus wird in den Schriften der Bibel immer wieder aufgegriffen. Fast 40-mal finden wir es wörtlich in den Büchern des AT. Die Grundmelodie, die sich durch die ganze Verkündigung zieht, heißt: „Gott ist gnädig, barmherzig, langmütig und reich an Huld." Tief hat sich diese Selbstoffenbarung Gottes im Bewusstsein des auserwählten Volkes eingeprägt.

So heißt es in Psalm 86: *Du aber, Herr, bist ein barmherziger und gnädiger Gott, du bist langmütig, reich an Huld und Treue.* Im Psalm 116 spricht der Beter: *Der Herr ist gnädig und gerecht, unser Gott ist barmherzig.* Psalm 103 ruft aus: *Der Herr ist barmherzig und gnädig, langmütig und reich an Güte.* Und noch einmal wiederholt der Psalm 145: *Der Herr ist gnädig und barmherzig, langmütig und reich an Gnade.* Wenn die Propheten zur Buße und Umkehr aufrufen, verkünden sie zugleich die Barmherzigkeit Gottes.[4]

Für heute: *Der Herr ist gnädig und gerecht, unser Gott ist barmherzig.* (Ps 116,5)

Zum Beispiel der Prophet Jona

Der Prophet Jona ist kein Angsthase. Aber was Gott ihm zumutet ist, einfach zu viel. Er soll Bußprediger werden und der Stadt Ninive den Untergang verkünden. Das ist nun doch zu viel für Jona. Er läuft einfach vor dem Auftrag Gottes weg. Aber er kann nicht weit laufen, dann steht er am Ufer des Mittelmeeres. Also nimmt er sich ein Schiff und versteckt sich vor Gott im Bauch des Schiffes. Nur weit weg nach Tarschisch! Das soll ganz im Westen liegen. Dann kommt ein Sturm und die Matrosen würfeln, um herauszufinden, wer den heftigen Sturm und den Untergang des Schiffes verschuldet hat. Das Los fällt auf Jona. Die Seeleute packen den Propheten und werfen ihn ins Meer. Sofort ist der Sturm zu Ende. Und jetzt kommt der große Fisch und verschluckt den Jona. Die Geschichte, die Kinder so lieben. Der Fisch spuckt den Jona an den Strand und Jona begreift: Er kann vor Gott nicht weglaufen. Also packt er sein Bündel und geht nach Ninive im Auftrag Gottes. Der Prophet Jona ist ein guter Bußprediger. Er müht sich redlich. Die Stadt bekehrt sich und auch der König tut in „Sack und Asche" Buße. Jetzt beginnt das Ärgernis für den Propheten.

Im Buch Jona wird erzählt, dass der Prophet Jona unwillig ist. Er ärgert sich, dass Gott sich über Ninive erbarmt hat. Jona hatte den Bewohnern von Ninive Strafe und Vernichtung gepredigt. Gott aber lässt Güte walten. Jona fühlt sich betrogen. Verärgert schleudert er Gott entgegen: Das habe ich ja gleich gewusst, darum hatte ich auch keine Lust an dem ganzen Unternehmen meiner Bußpredigt, *denn ich wusste, dass du ein gnädiger und barmherziger Gott bist, langmütig und reich an Huld und dass deine Drohungen dich reuen. Darum nimm mir jetzt lieber das Leben, Herr! Denn es ist für mich besser zu sterben als zu leben.* (Jona 4,2-3)

Jona ist nicht nur sauer. Er ist lebensmüde. Er mag nicht mehr leben. Gott hat den Buß- und Gerichtsprediger blamiert. Gott ist zu weich und nimmt seine Drohungen zurück. Dann macht die Predigt keinen Spaß mehr. Das Buch Jona schließt mit einem Kapitel der Ermahnung.

[4]*Da erwiderte der Herr: Ist es recht von dir, zornig zu sein?* [5]*Da verließ Jona die Stadt und setzte sich östlich vor der Stadt nieder. Er machte sich dort ein Laubdach und setzte sich in seinen Schatten, um abzuwarten, was mit der Stadt geschah.* [6]*Da ließ Gott, der Herr, einen Rizinusstrauch über Jona emporwachsen, der seinem Kopf Schatten geben und seinen Ärger vertreiben sollte. Jona freute sich sehr über den Rizinusstrauch.* [7]*Als aber am nächsten Tag die Morgenröte heraufzog, schickte Gott einen Wurm, der den Rizinusstrauch annagte, sodass er verdorrte.* [8]*Und als die Sonne aufging, schickte Gott einen heißen Ostwind. Die Sonne stach Jona auf den Kopf, sodass er fast ohnmächtig wurde. Da wünschte er sich den Tod und sagte: Es ist besser für mich zu sterben als zu leben.* [9]*Gott aber fragte Jona: Ist es recht von dir, wegen des Rizinusstrauches zornig zu sein? Er antwortete: Ja, es ist recht, dass ich zornig bin und mir den Tod wünsche.* [10]*Darauf sagte der Herr: Dir ist es leid um den Rizinusstrauch, für den du nicht gearbeitet und den du nicht großgezogen hast. Über Nacht war er da, über Nacht ist er eingegangen.* [11]*Mir aber sollte es nicht leid sein um Ninive, die große Stadt, in der mehr als hundertzwanzigtausend Menschen leben, die nicht einmal rechts und links unterscheiden können - und außerdem so viel Vieh?* (Jona 4,4-11)

Damit muss man rechnen: Es gibt Leute, die lieber Strafe, Rache und Vernichtung sehen als Nachsicht und Vergebung. Diese Leute gibt es auch heute noch.

Für heute: *Der Herr ist gütig zu allen, sein Erbarmen waltet über all seinen Werken.* (Ps 145,9)

9. Tag · Freitag in der 1. Fastenwoche

Der barmherzige Vater –
Ein Herz für Verlorene

Ich möchte Sie ins Zentrum der Verkündigung der Barm-
herzigkeit führen. Man nennt das Gleichnis vom verlorenen
Sohn – besser vom barmherzigen Vater – *das Evangelium im
Evangelium*. Der große Theologe Karl Rahner sagt: „Wenn du
wissen willst, wie Gott zu dir steht, dann lies Lukas, Kapitel 15,
besonders das Gleichnis vom barmherzigen Vater. Jede
Umkehr beginnt mit dem Kuss des barmherzigen Vaters."
Wir tun etwas ganz Einfaches. Vers für Vers lesen wir die Bibel
und hören, was sie sagt: Wir wollen uns streng an die Botschaft
Jesu halten und einfach die literarischen Schritte im Gleichnis
vom verlorenen Sohn nachvollziehen. (Lk 15,11-24)

Ein Mann hatte zwei Söhne. [12] *Der jüngere von ihnen sagte zu sei-
nem Vater: Vater, gib mir das Erbteil, das mir zusteht. Da teilte der
Vater das Vermögen auf.* [13] *Nach wenigen Tagen packte der jüngere
Sohn alles zusammen und zog in ein fernes Land.*

Der Vater achtet die Freiheit des Sohnes. Ohne Widerrede
teilt der Vater das Erbe auf. Er respektiert die Entscheidung
seines Sohnes. Er lässt ihn gehen mit seinem Erbe. *Gott achtet die Freiheit des Menschen*. Der Sohn wendet sich vom
Vaterhaus ab und geht in die Fremde. Doch der Vater kehrt
seinem Sohn nicht den Rücken zu. Später heißt es: „*Er sah
ihn schon von weitem kommen.*" (Lk 15,20) Ein wunderbarer
Satz. Gott hält nach uns Ausschau, auch wenn wir ihm den
Rücken gekehrt haben.

Dort führte er ein zügelloses Leben und verschleuderte sein Vermögen. ¹⁴*Als er alles durchgebracht hatte, kam eine große Hungersnot über das Land und es ging ihm sehr schlecht.*

Die Grenzerfahrung: Hungersnot: Es ging ihm sehr schlecht. Manchmal hilft eine Grenzerfahrung (Krankheit, Unfall, seelische Not).

¹⁵*Da ging er zu einem Bürger des Landes und drängte sich ihm auf; der schickte ihn aufs Feld zum Schweinehüten.*

Selbsthilfe: ER möchte sich selbst helfen. Er drängt sich auf. Er geht arbeiten, er wird Schweinehirt, Die schlechteste Arbeit ist für ihn gut. Schweine sind im Orient unreine Tiere.

¹⁶*Er hätte gern seinen Hunger mit den Futterschoten gestillt, die die Schweine fraßen; aber niemand gab ihm davon.*

Ohnmacht und Sehnsucht: Warum nimmt er sich nicht einfach die Futterschoten? Seine tiefe Sehnsucht kann er nicht mit Schweinefutter stillen.

¹⁷*Da ging er in sich.*

Selbstbesinnung: *Jetzt* kommt er zur Besinnung. Er hat eine Erinnerung.

Und er sagte: Wie viele Tagelöhner meines Vaters haben mehr als genug zu essen und ich komme hier vor Hunger um.

Erinnerung an das Vaterhaus: Erinnerungen sind wichtig. Viele klagen zum Beispiel: Nach der Erstkommunion sieht man kaum Kinder in der Kirche. Aber die Erinnerung an das Fest bleibt.

[18]Ich will aufbrechen und zu meinem Vater gehen und zu ihm sagen: Vater, ich habe mich gegen den Himmel und gegen dich versündigt. [19]Ich bin nicht mehr wert, dein Sohn zu sein; mach mich zu einem deiner Tagelöhner.

Dann drückt der verlorene Sohn drei Bereitschaften aus:

1. **Die Bereitschaft heimzukehren – umzukehren.**

2. **Die Bereitschaft zum Bekenntnis.** *Er will zu seiner Schuld stehen und nichts verschleiern.*

3. **Die Bereitschaft zur Buße, zur Wiedergutmachung.** Er will wie die Knechte auf den Feldern arbeiten und in der Scheune schlafen. Er will Tagelöhner sein.

[20]Dann brach er auf und ging zu seinem Vater.

Heimkehr: Dann macht er eine Kehrtwende und wendet sein Gesicht wieder dem Vaterhaus zu. Ohne diesen Schritt geht das nicht. Dann kommt der Vater in den Blick.

Der Vater sah ihn schon von weitem kommen und er hatte Mitleid mit ihm. Er lief dem Sohn entgegen, fiel ihm um den Hals und küsste ihn.

Hier scheint mir der zentrale Satz des Gleichnisses zu sein. Wunderbar: „Der Vater sah ihn schon von weitem kommen." Dies ist für mich der schönste Satz im Evangelium. Dann: „Er lief ihm entgegen." Ein antiker Herr „läuft nicht", er schreitet. Karl Rahner sagt: *Umkehr beginnt immer mit dem Kuss des barmherzigen Vaters.* Rembrandt hat die Umarmung des verlorenen Sohnes großartig dargestellt.

[21]Da sagte der Sohn: Vater, ich habe mich gegen den Himmel und gegen dich versündigt; ich bin nicht mehr wert, dein Sohn zu sein.

Schuldbekenntnis: Das ist keine billige Versöhnung. Der Sohn kommt zurück und bekennt seine Schuld. Allerdings vom Tagelöhner hören wir nichts mehr. Sind Strafe und Buße und alle Therapieangebote zweitrangig?
Dann feiert der Vater mit allen Zeichen Versöhnung:

[22]Der Vater aber sagte zu seinen Knechten: Holt schnell das beste Gewand und zieht es ihm an, steckt ihm einen Ring an die Hand und zieht ihm Schuhe an. [23]Bringt das Mastkalb her und schlachtet es; wir wollen essen und fröhlich sein.

Vier Zeichen machen den neuen Anfang deutlich. Der Sohn trägt ein festliches *Gewand und Schuhe* an den Füßen. Er hat einen *Ring* am Finger. In der Antike war das der Siegelring mit dem Wappen der Familie. Der verlorene Sohn bekommt dadurch Unterschriftsvollmacht.

(Das ist doch undenkbar. Einem Drogenabhängigen zum Beispiel, der reumütig heimkommt, kann man doch nicht einfach das Scheckbuch übergeben?)

Der Vater lässt sogar das Mastkalb schlachten und ein *Fest-essen* vorbereiten. Wer versteht den Vater noch? Der daheimgebliebene Sohn fühlt sich ungerecht behandelt. Würde es mir nicht ähnlich ergehen?

Dann **die Absolution** und das große Fest:
[24]Denn mein Sohn war tot und lebt wieder; er war verloren und ist

wiedergefunden worden. Und sie begannen, ein fröhliches Fest zu feiern.

Haben wir das eigentlich schon verstanden? Manchmal steht die Barmherzigkeit gegen die Gerechtigkeit.

Für heute: *Der Vater sah ihn schon von weitem kommen ... Er lief dem Sohn entgegen, fiel ihm um den Hals und küsste ihn.* (Lk 15,20)

10. Tag · Samstag in der 1. Fastenwoche

Barmherzigkeit gegen Gerechtigkeit

Handelt der Vater hier gerecht? Wenn wir an den Vorwurf des daheimgebliebenen Sohnes denken? Hat der Vater dies gespürt, sodass er sich vor dem Sohn, der immer daheimgeblieben ist, rechtfertigen muss? (Lk 15,25-31):

²⁵Sein älterer Sohn war unterdessen auf dem Feld. Als er heimging und in die Nähe des Hauses kam, hörte er Musik und Tanz. ²⁶Da rief er einen der Knechte und fragte, was das bedeuten solle. ²⁷Der Knecht antwortete: Dein Bruder ist gekommen und dein Vater hat das Mastkalb schlachten lassen, weil er ihn heil und gesund wiederbekommen hat. ²⁸Da wurde er zornig und wollte nicht hineingehen. Sein Vater aber kam heraus und redete ihm gut zu. ²⁹Doch er erwiderte dem Vater: So viele Jahre schon diene ich dir, und nie habe ich gegen deinen Willen gehandelt; mir aber hast du nie auch nur einen Ziegenbock geschenkt, damit ich mit meinen Freunden ein Fest feiern konnte. ³⁰Kaum aber ist der hier gekommen, dein Sohn, der dein Vermögen mit Dirnen durchgebracht hat, da hast du für ihn das Mastkalb geschlachtet.

Wie rechtfertigt sich der Vater vor diesen Vorwürfen? Ganz liebevoll redet der Vater seinen Sohn an:

³¹Mein Kind, du bist immer bei mir, und alles, was mein ist, ist auch dein. ³²Aber jetzt müssen wir uns doch freuen und ein Fest feiern; denn dein Bruder war tot und lebt wieder; er war verloren und ist wiedergefunden worden.

Für heute: *Der Herr ist gnädig und barmherzig, langmütig und reich an Gnade.* (Ps 145,8)

Was heißt
barmherzig sein?

11. Tag · Montag in der 2. Fastenwoche

Verlust der Barmherzigkeit?

Es ist kälter geworden in unserer Gesellschaft. Wir leben neutral: weder freundlich noch feindlich. Die Gleichgültigkeit beklagen viele, die unsere Gesellschaft näher analysieren. In dieser gefühlskalten Welt ist man einander fremd, weder freundlich noch feindlich, einfach neutral, uninteressant, egal!

Eine neue Einsamkeit wächst heran. Trotz Telefon und Television, trotz engem Zusammenleben und organisierter Freizeitgestaltung klagt jeder fünfte Bundesbürger, dass er sich einsam fühlt. In unseren großen Städten lebt die Hälfte der Bevölkerung in „Einpersonen-Haushalten". Werden wir ein Volk von Alleinstehenden?

Papst Franziskus weist uns in seiner Predigt in Lampedusa[5] darauf hin: „Die Kultur des Wohlergehens, die uns an uns selber denken lässt, macht uns unsensibel für die Schreie der anderen, sie lässt uns in Seifenblasen leben, die zwar schön sind, aber nichtig, die eine Illusion des Unbedeutenden sind, des Provisorischen, die zur Gleichgültigkeit dem Nächsten gegenüber führt und darüber hinaus zur einer weltweiten Gleichgültigkeit! Von dieser globalisierten Welt sind wir in die globalisierte Gleichgültigkeit gefallen! Wir haben uns an das Leiden des Nächsten gewöhnt, es geht uns nichts an, es interessiert uns nicht, es ist nicht unsere Angelegenheit!" So weit Papst Franziskus.

„Es geht uns nichts an, es interessiert uns nicht, wir können doch nichts ändern!" Wie können wir uns gegen diese universale Gleichgültigkeit wehren? Gutgemeinte Sprüche wie „Seid nett zueinander!" helfen uns nicht weiter. Was haben wir als Christen dagegenzusetzen?

Wir beklagen den Verlust der Barmherzigkeit. Erbarmen ist sprachlich ziemlich von gestern. Wer einen erbarmungswürdigen Eindruck macht, der darf höchstens auf Mitleid hoffen, Mitleid ist aber längst die kleine Schwester der Verachtung. Er verdient Mitleid, heißt es dann. Er ist ein hoffnungsloser Fall.

Wenn das Erbarmen noch eine Chance haben soll, muss es sich verkleiden. Am besten als Fachvokabel: „Empathie". Das ist so etwas wie stark verdünntes Erbarmen. Das Wort Barmherzigkeit verschwindet immer mehr aus unserem Sprachgebrauch. Aber wenn wir es nicht mehr gebrauchen, bedeutet das nicht, dass es sich überlebt hat. Auffällig ist jedenfalls, dass das Wort „unbarmherzig" keineswegs verschwunden ist. Manchmal meint man, die Menschen gehen immer unbarmherziger miteinander um. Man nennt die Gesellschaft ja inzwischen eine „Ellenbogen-Gesellschaft".

Für heute: *Seid barmherzig, wie auch euer himmlischer Vater barmherzig ist!* (nach Lk 6,36)

12. Tag · Dienstag in der 2. Fastenwoche

Mitleid oder Barmherzigkeit

Walter Kardinal Kasper schreibt in seinem grundlegenden Werk „Barmherzigkeit": „Die beiden Worte Mitleid und Barmherzigkeit meinen zwar nicht einfachhin dasselbe, aber schon rein sprachlich gehen zumindest im Lateinischen, wo von „misericordia" die Rede ist, die beiden Begriffe ineinander über. Das gilt auch für den biblischen Sprachgebrauch. Das lateinische Wort „misericordia" meint gemäß seinem ursprünglichen Wortsinn: sein Herz (cor) bei den Armen (miseri) haben; ein Herz für die Armen haben. Auch das deutsche Wort Barmherzigkeit weist in diese Richtung. Es meint: ein erbarmendes Herz haben. In diesem allgemeinmenschlichen Sinn bedeutet Barmherzigkeit/misericordia die Haltung, welche den eigenen Egoismus und die eigene Ich-Zentriertheit überschreitet und das Herz nicht bei sich, sondern beim notleidenden Anderen hat."[6]

Der einzelne Akt der Barmherzigkeit ist das Mitleid, der gleich bleibende Zustand des Erbarmens ist die Barmherzigkeit. Erbarmen ist keine einmalige Handlung. Barmherzigkeit ist eine Lebenseinstellung.

Der Kirchenvater Augustinus und auch Thomas von Aquin deuten das Wort „miserecordia" im sprachlichen Sinn nach Aristoteles als Mitleiden – compassio. Solches Mitleiden ist nicht nur ein Gefühl, es ist nicht nur affektiv zu verstehen, sondern, wer bis ins Mark betroffen ist, wird auch die Umstände des Leidenden verändern wollen.

„Es sind zwei zentrale Geschichten (Lk 15,20; Lk 10,33), die
die Barmherzigkeit Jesu anschaulich machen: das Gleichnis
vom verlorenen Sohn und der barmherzige Samariter. Es
sind Gleichnisse, in denen Menschen im Sinne Jesu handeln, seine Barmherzigkeit gegenüber Menschen anschaulich machen. Der Jüngling zu Naïn zum Beispiel. Da heißt es:
,Und als der Herr sie (die Mutter des verstorbenen Jungen)
sah, jammerte sie ihn ...' (Lk 7,13). Die Einheitsübersetzung
wählt statt des Verbs ,(es) jammerte ihn' das Substantiv
,Mitleid', zwei ganz verschiedene Ausdrucksmittel mit unter-
schiedlichem Ausdruckspotential. Während ,Mitleid' ein zeit-
gemäßer Allerweltsbegriff ist, drückt dieses alte Verb ,jam-
mern' mit dem Akkusativobjekt eine persönliche Betroffen-
heit aus, die das Wort ,Mitleid' nicht erfasst ... es jammerte
ihn ... – da sind Tränen dabei über das Leid der Menschen
und Trauer über den Zustand der Welt. Das Adjektiv jamar
,traurig' und das altnordische Verb amra, emja, ymja ,heulen'
findet sich wieder in dem Verhalten Jesu, wenn er über
Jerusalem weint: „Und als er nahe hinzukam, sah er die Stadt
und weinte über sie ...' (Lk 19,41)."[7]

Der Buddhismus löst die Barmherzigkeit in Mitleid auf.
Swami Sivananda schreibt: „Barmherzigkeit ist die Bereitschaft, gut von anderen zu denken und ihnen Gutes zu tun.
Barmherzigkeit ist universelle Liebe. Sie ist Großzügigkeit
gegenüber den Armen. Sie ist Wohlwollen. Das, was gegeben
wird, um die Armut zu lindern, ist Barmherzigkeit. Jede gute
Tat ist Barmherzigkeit.

„Dabei ist das Mitleid eine ethische Instanz von hoher Bedeutung, ja die einzige Gegenkraft zur Grausamkeit, die den
anderen entpersönlicht und zum reinen Objekt zerstöreri-

scher Lust entwürdigt. Das Mitleid ist die äußerste und letzte Möglichkeit, den Menschen in seiner nackten Existenz zu retten."[8]

Der Mensch ist ein dialogisches Wesen, das in Beziehungen lebt. Der Buddhismus strebt nach Mitleid, der Christ nach Barmherzigkeit. Das ist mehr als ein Mitgefühl, das bald wieder verblasst. Barmherzigkeit ist mehr als eine moralisch/ethische Forderung. Barmherzigkeit ist existenzielles Handeln des Christen, weil Gott selber an uns so handelt in Jesus Christus. *Seid barmherzig, wie es auch euer Vater ist!* (Lk 6,36)

Für heute: *Denn deine Güte reicht, so weit der Himmel ist, deine Treue, so weit die Wolken ziehn.* (Ps 57,11)

Franziskanische Spiritualität

Gott ist barmherzig. Dieser Satz ist von hoher Bedeutung für das Selbstverständnis jedes Christen. Papst Franziskus betont immer wieder: „Wenn der Mensch das Geheimnis der Barmherzigkeit Gottes begreift, verliert er alle Angst vor Gott." Darin gipfelt die franziskanische Spiritualität: Man muss von Gott sprechen. Gott selber ist mit jedem Menschen barmherzig. Wer Barmherzigkeit erfahren hat, der kann auch mit dem Menschen barmherzig sein. Deshalb mahnt uns die Heilige Schrift: *Seid alle eines Sinnes, voll Mitgefühl und brüderlicher Liebe, seid barmherzig und demütig!* (1 Petr 3,8 und Röm 12,5; Eph 4,2f.)

Die Theologen aller Zeiten verkünden „deus semper major": Gott ist immer größer, als wir ihn denken können. Franziskus würde sagen: „deus semper minor." Gott ist immer kleiner, als wir ihn fassen können. Franziskus liebt es, in der Meditation Christus als Kind in der Krippe zu betrachten oder in seiner Knechtsgestalt am Kreuz. Krippe, Kreuz, Altar sind die Meditationsbilder der franziskanischen Gemeinschaften. Franziskus zitiert gern aus einem Paulusbrief: *Christus hielt nicht daran fest, Gott gleich zu sein, er entäußerte sich, er nahm Knechtsgestalt an.* (Phil 2,5-7) Das ist das Paradox franziskanischer Spiritualität: Gott ist der Demütige und nur so der Allmächtige. Er ist der immer noch Kleinere und nur so der Größere. Er ist der Schwache und nur so der Starke. Der heruntergekommene Gott, nicht nur in der Niederkunft bei der Geburt, sondern hinabgestiegen bis in die Schattenreiche unseres Lebens.

Am eindrücklichsten scheint mir die Bedeutung der Barmherzigkeit in einem Brief des heiligen Franziskus an einen Guardian ausgesprochen, der schwer an seinem Amt trug und sich daher in eine Einsiedelei zurückziehen wollte. Ihm antwortet Franziskus: „So gut ich kann, sage ich dir zu dem Anliegen deiner Seele: Alles, was dich hindert, Gott den Herrn zu lieben, und wer immer dir Schwierigkeiten machen mag, entweder Brüder oder andere, auch wenn sie dich schlagen sollten, alles musst du für Gnade halten … Liebe jene, die dir solches antun. Und dies soll dir mehr sein als eine Einsiedelei. Das Heil liegt nicht darin, für sich einen Schonraum zu suchen."[9]

Und so beschreibt Franziskus die grenzenlose Barmherzigkeit: „Es darf keinen Bruder auf der Welt geben, mag er auch gesündigt haben, soviel er nur sündigen konnte, der deine Augen gesehen hat und dann von dir fortgehen müsste ohne dein Erbarmen, wenn er Erbarmen sucht. Und sollte er nicht Erbarmen suchen, dann frage du ihn, ob er Erbarmen will. Und würde er danach auch noch tausendmal vor deinen Augen sündigen, mit solchen habe immer Erbarmen."[10]

Die Barmherzigkeit kennt keine Grenzen. Wer an sich und andere hohe Forderungen stellt, läuft Gefahr, unmenschlich und fanatisch zu werden. Dieser Gefahr ist Franziskus nicht erlegen. Im Scheitern bleibt Franz immer barmherzig.

Barmherzig sein. Nicht die Ideale kleinreden, aber Erbarmen haben mit den anderen und mit sich selbst. Er nennt es: mütterlich miteinander umgehen – wie eine Mutter ihrem Sohn zugetan ist. Die Brüder sollen so einander zugetan sein, dass man „vertrauensvoll einander die Not offenbaren kann".

Als ein Bruder in der Fastenzeit nachts weint, weil er das strenge Fasten nicht aushalten kann, geht Franz am nächsten Tag in die Stadt Assisi und bettelt Fleisch und Brot für die Brüder. Als ein kranker Bruder sich ein paar Trauben wünscht, geht er mit dem Bruder in einen fremden Weingarten und pflückt Trauben und isst selber mit, um den Bruder nicht zu beschämen. Die Brüder sind eine Alternativgesellschaft mit dem Evangelium als Grundlage.

Ein Bericht aus den Quellenschriften, den ich besonders liebe: Als eines Tages eine notleidende Frau zu Franziskus kommt, haben die Brüder kein Brot mehr im Haus. Das Einzige, was sie geben können, ist die kostbare, handgeschriebene Bibel, die die Brüder jeden Tag für ihr gemeinsames Gebet brauchen. Franziskus sagt: „Gebt ihr die Bibel, sie soll sie verkaufen und so ihre Not mildern, denn in diesem Buch steht, dass man den Armen helfen soll. Es gefällt Gott mehr, wenn wir sie verschenken und tun, was darin geschrieben steht, als wenn wir sie nur lesen."[11] So wurde die erste Bibel, die im Orden vorhanden war, verschenkt.

Für heute: *Nicht im Vertrauen auf unsere guten Taten legen wir dir unsere Bitten vor, sondern im Vertrauen auf dein großes Erbarmen.* (Dan 9,18)

14. Tag · Donnerstag in der 2. Fastenwoche

Heilen, was verwundet ist

Dann rief er seine zwölf Jünger zu sich und gab ihnen die Vollmacht, die unreinen Geister auszutreiben und alle Krankheiten und Leiden zu heilen. (Mt 10,1f.) Immer verband Jesus seinen Auftrag zu verkünden mit dem Auftrag, auch die Kranken zu heilen. Der Grund der Heilung war nicht die ärztliche Kunst, sondern der Glaube des Kranken. *Dein Glaube hat dich gesund gemacht.*

Franz von Assisi bekehrte sich, als er seine Angst überwand und einen Aussätzigen küsste. Sein Testament beginnt er: „So hat der Herr mir, dem Bruder Franziskus, gegeben, das Leben der Buße zu beginnen: Denn als ich in Sünden war, kam es mir sehr widerlich vor, Aussätzige zu sehen. Da hat der Herr selbst mich unter sie geführt, und ich habe ihnen Barmherzigkeit erwiesen. Und als ich von ihnen fortging, war mir das, was mir bitter vorkam, in Süßigkeit verwandelt für Seele und Leib." Später mussten alle, die ihm folgen wollten, zuerst einige Zeit Aussätzige pflegen.

„Barmherzigkeit ist wichtiger als Heilen um jeden Preis." So könnte die Quintessenz der Erforschung von Kranken und Krankheit im Mittelalter durch den Medizinhistoriker Heinrich Schipperges lauten. Das Buch des unlängst emeritierten Direktors des Instituts für Geschichte der Medizin in Heidelberg stellt gewissermaßen eine „Summa" der Erkenntnisse im Bereich dieses Forschungsgebietes dar.

„Ein gänzlich anderes Krankheitskonzept als die Medizin der Antike, dieser scheinbar klassischen Heilkunst des Abendlandes, bietet uns die Heilkunde des frühen und hohen Mittelalters. Um es auf eine Formel zu bringen: An die Stelle der ‚Natur' ist die ‚Person' getreten, an die Stelle der ‚ärztlichen Kunst' die ‚ars caritativa'. Im Verlaufe des 3. Jahrhunderts war bereits aus dem griechischen Heilgott Asklepios der viele Jahrhunderte verpflichtende Begriff eines ‚Christus Medicus' geworden.

Dass Jesus als Arzt in die Mitte seines Volkes getreten ist, wirkte in der Alten Kirche noch durchgehend nach. Die griechischen wie die lateinischen Kirchenväter verkündeten das Evangelium als Botschaft vom Heiland und vom Heilen. Taufe galt als ‚aqua medicinalis', die Buße als wahres Heilmittel (vera medicina), das Abendmahl als ‚Pharmakon der Unsterblichkeit'. Immer aber ging es dieser Heilkunst um die Heilung des ganzen Menschen. So ist für Hieronymus Christus der Heiland-Arzt (verus medicus et salvator). Er heilt in seiner großen Barmherzigkeit alle, die Not leiden."[12]

Mit dem Begriff der Krankenheilung verband sich in der Alten Kirche durchgehend der Gedanke der Diakonie als Dienst an einem, der in seiner Not der Hilfe bedarf. Pflicht der Diakone war es, den Armen und Bedürftigen die Opfergaben zu bringen, die Kranken zu besuchen und zu pflegen, die Toten zu bestatten. Diakone galten allgemein als „Täter barmherziger Werke, Tag und Nacht nach allem sehend". Während der Pest in Alexandria (259) schreibt der Bischof Dionysius: „Die meisten unserer Brüder schonten sich nicht aus großer Nächstenliebe und Barmherzigkeit."

Der Orden der Kapuziner pflegte im 16./17. Jahrhundert in vielen Städten Europas die Pestkranken. Wo medizinische Hilfe bei dieser verheerenden, ansteckenden Krankheit nicht mehr geleistet werden konnte, da waren die Werke der Barmherzigkeit umso mehr gefragt. In den Totenbüchern der Kapuziner findet sich im 16. und 17. Jahrhundert oft der Eintrag: An der Pest gestorben. Im Kapuzinerkloster Werne gibt es noch das Pesthäuschen, wie es im Volksmund genannt wird. Getrennt vom Konvent bewohnten die Kapuziner, die zu den Pestkranken gingen, ein kleines, bescheidenes Haus. Nach leidvollen Erfahrungen schuf man diese „Quarantäne". Von etwa 1000 Einwohnern der Stadt Werne sind damals 300 an der Pest gestorben. Im Klostergarten hatten die Kapuziner ein Beet mit Heilkräutern. Mit den Kräutern linderten sie die Schmerzen der Kranken.

Auch in der Hospizbewegung engagieren sich heute immer mehr Menschen, meistens Christen und Ordensleute, um Sterbende ehrenamtlich auf ihrem letzten Weg zu begleiten. Ihr Ziel ist, den Tod aus seiner sozialen Isolierung zu befreien und ein Sterben in Würde zu ermöglichen. Sie möchten dem Schwerkranken optimale Linderung seiner Beschwerden ermöglichen, ihm liebevolle Unterstützung geben, wenn möglich ihn in vertrauter Umgebung belassen und im Sterben nicht im Stich lassen. Solches Tun gehört auch heute zu den Werken der Barmherzigkeit.

Die Kirche kennt für den Kranken ein eigenes Sakrament, die Krankensalbung. Bei der Salbung mit dem heiligen Öl spricht der Priester: „Der Herr, der dich von Sünden befreit, rette dich, in seiner Gnade richte er dich auf." Heute nimmt man dieses „Er richte dich auf!" ganz wörtlich und spendet das Sakrament nicht nur den Sterbenden, sondern jedem Kranken, der es wünscht.

Für heute: *Muss ich auch wandern in finsterer Schlucht, ich fürchte kein Unheil; denn du bist bei mir.* (Ps 23,4)

Die Ordensgemeinschaft der Barmherzigkeit

Im 19. Jahrhundert entstanden viele neue Ordensgemein-
schaften, die in ihrem Namen die Barmherzigkeit trugen.
Viele Schulen und Internate, viele Krankenhäuser, Asyle und
Altenheime sind in dieser Zeit des Umbruch neu gegründet
worden. Es war die Zeit der beginnenden Industrialisierung,
wo viele Menschen in die Ballungszentren umsiedelten und
die Politik durch die soziale Fragen überfordert war.
Christliche Männer und Frauen nahmen das Problem der
Ausgegrenzten und Entwurzelten ernst und ließen sich von
der Not der Armen ansprechen. Die Armen waren für Jesus
die Lieblinge Gottes.

Aus welchen Quellen schöpften die Gemeinschaften der
Barmherzigkeit? Es sind besonders die Gleichnisse vom
guten Hirten, vom verlorenen Sohn, vom barmherzigen Samariter, letztlich das ganze Evangelium
Wie man diese Worte in die jeweilige Zeit übersetzen konnte? Das geschah durch das Handeln von Menschen. Sie
waren wie eine lebendige Bibel, die eine wichtige Botschaft
verkündete. Es war das, was Franziskus meinte, wenn er im
13. Jahrhundert die erste Bibel, die es in seinem Orden gab,
an eine arme Frau verschenkte.
Hunderte von jungen Frauen hatten sich vom Ideal der
Nachfolge begeistern lassen. Die Gemeinschaft war auf über
2700 Schwestern angewachsen.

Über die Barmherzigen Schwestern von der allerseligsten Jungfrau und schmerzhaften Mutter Maria, die in Münster als Clemensschwestern bekannt sind, kam eine Jubiläumsschrift heraus, in der mehrere namhafte Autoren den Ursprung und die Quellen für ein solches Engagement darlegten. In der Einleitung schrieb Norbert Göckener[13]: „Hindus, Buddhisten und Muslimen, vor allem aber Juden und Christen ist Barmherzigkeit eine der Haupttugenden. Das Wort Tugend leitet sich her vom Wort ,taugen'. Und dass Barmherzigkeit taugt, davon legen die Clemensschwestern seit 200 Jahren ein starkes Zeugnis ab. Barmherzigkeit bereichert das Leben – das ist ihre Botschaft. Die ,Barmherzigen Schwestern' wissen aus dieser jahrhundertelangen Erfahrung um die Vielfalt dieser inneren Haltung, das unerwartet Gute einem anderen zu tun. Die Ordensfrauen haben aber vor allem erfahren, zuerst Beschenkte zu sein: ,Der Herr ist barmherzig und gnädig, langmütig und reich an Güte' (Ps 103). Und sie erleben, dass Barmherzigkeit keine Einbahnstraße ist: ,Selig sind die Barmherzigen; denn sie werden Barmherzigkeit erlangen' (Mt 5,7)."

Die Mauritzer Franziskanerinnen haben eine wissenschaftliche Reihe aufgelegt, um das Fundament, auf dem sie in ihrem Dienst verstehen, zu reflektieren. Gerade heute sind die Quellen eines solchen Lebens hervorzuheben, denn das Krankenhaus unterliegt heute einem großen Wandel. Michael Fischer schreibt:

„Die Zukunft konfessioneller Gesundheitseinrichtungen ist ohne eine Vergewisserung ihrer Herkunft nicht zu gestalten. Der biblische Schlüsselbegriff „Erbarmen" bezeichnet, was viele Gründungsmütter und Gründungsväter konfessionell getragener Einrichtungen bewegte: Erbarmen haben mit

Bedürftigen. Wer in eine schwierige Lebenssituation gerät, kann sich glücklich schätzen, erbarmungsfähige Menschen an seiner Seite zu wissen.

Erbarmungslosigkeit macht die Welt kalt und unmenschlich. Wer dagegen barmherzig handelt, trägt zum Humanen bei. Barmherzigkeit ist nicht zu verwechseln mit Naivität, falschem Mitleid, ein Alles-mit-sich-machen-lassen oder gar Nicht-Wirtschaften-können. Von jeher beschäftigt daher Menschen die Frage, wie Barmherzigkeit und Gerechtigkeit in ein rechtes Verhältnis gebracht werden können.

Konfessionelle Krankenhäuser, Behinderteneinrichtungen und Seniorenheime, die heute zu Recht als Unternehmen bezeichnet werden, stehen in einer barmherzigen Tradition. Aber sie stehen nicht nur in dieser Tradition, sondern auch in einem wettbewerbsorientierten Umfeld mit den entsprechenden Rahmenvorgaben. Es stellt sich die Frage, was Barmherzigkeit in diesem Kontext bedeutet und wie sie gelebt werden kann: Wie können Bedürftige in einem zwischenzeitlich unterfinanzierten Gesundheitssystem gemäß des eigenen Anspruchs versorgt werden?

Letztlich geht es darum, dass alle sozialen, medizinischen, pädagogischen Dienste für den notleidenden Menschen ein leidenschaftliches Herz finden. Sie wollen nicht nur versorgt, sondern aufmerksam umsorgt sein. Und diese „Verliebten" gibt es nicht nur in Klöstern.

„Wenn wir nach den Quellen fragen für den Einsatz der Christen in den heilenden und helfenden Berufen, verrichtet jeder Mensch seine Tätigkeiten mit einer inneren Haltung, die sein Handeln prägt. Dieser Geist, der einen Menschen in seinem Handeln bestimmt und eine Organisation als Ganze auszeichnet, ist keine vernachlässigbare Beigabe, eher eine Grundlage."[14]

Für heute: *Du umschließt mich von allen Seiten und legst deine Hand auf mich.* (Ps 139,5)

Herrschaftswechsel

Alfred Delp hat im Gefängnis der Gestapo mit gefesselten Händen geschrieben. Weil er nach dem Hitlerattentat angeklagt war, bekam er zur Haftverschärfung Handschellen angelegt, mit denen er dann auch die meisten seiner Texte geschrieben hat. Kurz vor seiner Hinrichtung schrieb er diese bewegenden Gedanken zum Thema „Freiheit": „Der Mensch mag frei sein. Als Sklave, in Kette und Fessel, in Kerker und Haft verkümmert er. Über die äußere Freiheit hat sich der Mensch viele Gedanken und Sorgen gemacht. Er hat es erst unternommen, seine äußere Freiheit zu sichern, und er hat sie doch immer wieder verloren."[15] Ja, „die Geburtsstunde der menschlichen Freiheit ist die Stunde der Begegnung mit Gott."

Die wahre Freiheit wird einer nur erreichen, wenn er seine eigenen Grenzen überschreitet. „Die Geburtsstunde der menschlichen Freiheit ist die Stunde der Begegnung mit Gott", schreib Alfred Delp. In der Begegnung mit Gott sind wir zum Herrschaftswechsel herausgefordert. Die Zehn Gebote beginnen mit dem Satz: „Ich bin der Herr, dein Gott, der dich aus der Knechtschaft befreit hat." Es geht also um die Freiheit des Menschen und um die Gefahr seiner Versklavung durch Götter und Götzen. Sie wollen nicht unsere Freiheit, sondern nur unsere Abhängigkeit.

Wer sich in Liebe an Gott bindet, bleibt frei und wird nicht in die Fänge der Götzen und Götter fallen. Wir müssen uns entscheiden, wem wir Macht und Einfluss über uns einräumen und unter welcher Herrschaft wir leben wollen. Wer sich für Gott entscheidet, vollzieht einen Herrschaftswechsel.

Folgerichtig wird der Mensch fähig zur Anbetung. Was aber heißt anbeten? Wenn ich anbete, bringe ich zum Ausdruck: „Du, Gott, bist der Schöpfer, ich bin dein Geschöpf." Anbetung ist also die Grundhaltung des Menschen vor Gott. Einer ist größer als ich, und ich beuge freiwillig das Knie. „Das gebeugte Knie und die hingehaltene leere Hand sind die Urgebärden des freien Menschen", sagt Alfred Delp.

Der freie Mensch preist Gottes Größe und Barmherzigkeit.

Für heute: *Wir wollen lieber dem Herrn in die Hände fallen, denn seine Barmherzigkeit ist groß; den Menschen aber möchte ich nicht in die Hände fallen.* (2 Sam 24,14)

Zeugen der
Barmherzigkeit

Papst Franziskus – Geduld

Dieses Kapitel greift ein Anliegen des Papstes auf und möchte helfen, die Barmherzigkeit wieder aktuell zu machen. Für Papst Franziskus ist es besonders wichtig, an die Barmherzigkeit Gottes zu glauben und an Jesus Christus, unseren Retter und Erlöser. Wer auf Christus und die Barmherzigkeit seines Vaters vertraut, verliert seine Angst vor Gott. Der Papst selbst hat es so erfahren. Deshalb bezeichnet er sich selbst als großen Sünder, der auf die Barmherzigkeit Gottes angewiesen ist.

„Und wer ist Jorge Mario Bergoglio?", wurde er in einem Interview gefragt. Die Antwort: „Ich bin ein Sünder!" Etwas später antwortet er noch einmal: „Ich bin ein Sünder, den der Herr angeschaut hat."

Wer darauf vertraut, dass sich Gott barmherzig zeigt, der verliert seine Angst, der sucht die Vergebung seiner Sünden. „Verlieren wir niemals das Vertrauen in die geduldige Barmherzigkeit Gottes", sagte Papst Franziskus in einer seiner Predigten. Wir dürfen die Brücke nie abbrechen. Das Gesicht Gottes ist das eines barmherzigen Vaters, der immer Geduld hat. Gott wartet auf uns, kommt uns entgegen. Er wird nie müde. Das Problem ist aber, dass wir müde werden, um Vergebung zu bitten.

Papst Franziskus in einer Predigt: „Es ist nicht leicht, sich der Barmherzigkeit Gottes anzuvertrauen, denn das ist ein unergründlicher Abgrund. Aber wir müssen es tun! Kehren wir zum Herrn zurück! Der Herr wird niemals müde zu verzeihen, niemals! Wir sind es, die müde werden, ihn um Vergebung zu bitten! Erbitten wir also die Gnade, dass wir nicht müde werden, um Vergebung zu bitten, denn er wird nie müde zu verzeihen. Bitten wir um diese Gnade!"

„Die Kirche hat sich manchmal in kleine Dinge einschließen lassen, in kleine Vorschriften. Die wichtigste Sache ist aber die erste Botschaft: ‚Jesus Christus hat dich gerettet.' Die Diener der Kirche müssen vor allem Diener der Barmherzigkeit sein."

„Ich sehe ganz klar" – fährt der Papst fort –, „dass das, was die Kirche heute braucht, die Fähigkeit ist, die Wunden zu heilen und die Herzen der Menschen zu wärmen – Nähe und Verbundenheit. Ich sehe die Kirche wie ein Feldlazarett nach einer Schlacht. Man muss einen schwer Verwundeten nicht nach Cholesterin oder nach hohem Zucker fragen. Man muss die Wunden heilen. Dann können wir von allem Anderen sprechen. Die Wunden heilen ... Man muss unten anfangen."

„Ich träume von einer Kirche als Mutter und als Hirtin. Die Diener der Kirche müssen barmherzig sein, sich der Menschen annehmen, sie begleiten – wie der gute Samariter, der seinen Nächsten wäscht, reinigt, aufhebt. Das ist pures Evangelium. Gott ist größer als die Sünde. Die organisatorischen und strukturellen Reformen sind sekundär, sie kommen danach. Die erste Reform muss die der Einstellung sein. Die Diener des Evangeliums müssen in der Lage sein, die Herzen der Menschen zu erwärmen, in der Nacht mit ihnen zu gehen. Sie müssen ein Gespräch führen und in die Nacht hinabsteigen können, in ihr Dunkel, ohne sich zu verlieren.

Das Volk Gottes will Hirten und nicht Funktionäre oder Staatskleriker."

„Der Beichtstuhl ist kein Folterinstrument, sondern der Ort der Barmherzigkeit, in dem der Herr uns anregt, das Bestmögliche zu tun. Ich denke auch an die Situation einer Frau, deren Ehe gescheitert ist, in der sie auch abgetrieben hat. Jetzt ist sie wieder verheiratet, ist zufrieden und hat fünf Kinder. Die Abtreibung belastet sie und sie bereut wirklich. Sie will als Christin weitergehen."[16]

Für heute: *Du bist ein Gott, der verzeiht, du bist gnädig und barmherzig, langmütig und reich an Huld; darum hast du sie (Israel) nicht verlassen.* (Neh 9,17)

18. Tag · Dienstag in der 3. Fastenwoche

Henri J. M. Nouwen – Mitleid

Wer sich eingehender mit den Texten des niederländischen katholischen Priesters und Psychologen Henri Nouwen befasst, hat bald den Eindruck, einen guten Freund gefunden zu haben. Zu Recht zählt Nouwen mit seinen etwa vierzig Büchern zu den meistgelesenen geistlichen Schriftstellern der Gegenwart, denn er besitzt nicht nur fundiertes theologisches Wissen, sondern greift alle Facetten des Menschseins auf und blickt bis in unser Herz. Einfühlsam ist er, von verblüffender Offenheit, ebenso verletzbar und liebesbedürftig wie seine Leser. Auch Barmherzigkeit spielte eine wesentliche Rolle im Leben dieses leidenschaftlichen Seelsorgers.

Henri J. M. Nouwen (1932–1996) gab seine Karriere als Hochschulprofessor für Pastoraltheologie und christliche Spiritualität in den USA auf, um Mitglied der von Jean Vanier gegründeten „Arche"-Bewegung zu werden und sein Leben ab 1986 mit Behinderten zu teilen. Bis zuletzt war er geistlicher Leiter der Gemeinschaft „Daybreak" in Richmond Hill bei Toronto/Kanada. Diese Jahre mit den geistig Behinderten waren prägend, doch keineswegs leicht für ihn. Es gab viele Kämpfe und Leiden geistiger, seelischer und spiritueller Art. Nouwen nannte den Weg manchmal sogar „qualvoll". Aber er fand seine Berufung. Dabei halfen ihm neben Gebeten und Gesprächen auch Meditationen.

Einen herausragenden Stellenwert besaß für ihn Rembrandts Gemälde „Die Rückkehr des verlorenen Sohnes". Darauf zu sehen ist ein großer bärtiger Mann im roten Gewand, der

seine beiden Hände auf den Rücken des vor ihm nieder-
knienden Sohnes legt. Eine geistliche Deutung dieses
Meisterwerks finden wir in Nouwens Buch „Nimm sein Bild
in dein Herz"[17]. So wie der barmherzige Vater seinen heim-
gekehrten Sohn in die Arme schließt, so suchte Henri Nouwen Geborgenheit in der Umarmung des liebenden Gottes.
Im mühseligen Alltag mit den teilweise schwerbehinderten
Menschen dürstete es ihn förmlich nach Gottes Barmherzigkeit – umso mehr, als er hohe Ansprüche an sich selbst
stellte und selten zufrieden mit sich war. Er wollte ein guter
Hirte sein und war bereit, dafür große Opfer zu bringen.

Im Jahr 1988 geriet Henri Nouwen in eine seelische Krise, als
eine enge Freundschaft zerbrach. Daraufhin musste er seine
Gemeinschaft für sechs Monate verlassen, um mit der Hilfe
von zwei christlichen Therapeuten und Gebeten wieder Boden
unter die Füße zu bekommen. Er gestand sich selbst ein, im
Rahmen dieser Freundschaft nach so viel Liebe, Aufmerksamkeit und Zuwendung gesucht zu haben, wie nur Gott allein sie
zu geben vermag. Während dieser Zeit verfasste er ein „gehei-
mes Tagebuch", das nach seinem Tod unter dem Titel „Die
innere Stimme der Liebe"[18] erschien. In einem der Kapitel
empfiehlt er uns, den Blick stets auf Gott zu richten und dabei
ein kleines Gebet zu sprechen: „Herr, hab Erbarmen!"

Barmherzigkeit im Sinne Nouwens kommt aus einem mit-
leidenden Herzen, aus dem Verlangen, ganz beim Nächsten
zu sein. Das betrachtet er als eine Gabe. So möchte Jesus
nicht auf uns herabschauen, sondern einer von uns sein und
tief mit uns fühlen. Barmherzigkeit bedeutet für Nouwen
auch die Befreiung vom Zwang, laufend Urteile über andere
zu fällen. Er legt uns das Wort Jesu aus der Bergpredigt ans
Herz: *Richtet nicht, damit ihr nicht gerichtet werdet!* (Mt 7,1)

Henri Nouwen identifizierte sich mit den Menschen, die Gottes Liebe am meisten brauchten. Schon 1981 hatte er tätlich bewiesen, wie sehr ihm am Schicksal Armer und Benachteiligter lag, als er für ein halbes Jahr nach Lateinamerika ging. Drei Monate verbrachte er in Peru. Dort lebte er mit einer Indiofamilie in einem Elendsviertel. Aber erst die „Arche"-Gemeinschaft (Lebensgemeinschaft mit Behinderten) wurde zu seinem bleibenden Zuhause.

Die Macht der Liebe steht für Nouwen im Zentrum. Beispielhaft ist der folgende Textabschnitt aus einem Buch, das er für einen befreundeten jungen Journalisten schrieb: „(...) alles, was ich dir sagen möchte, ist in dieser Zusage zusammengefasst: ‚Du bist der geliebte Mensch', und ich kann nur hoffen, dass du diese Worte als direkte Anrede an dich aufnehmen kannst, dir zugesprochen mit aller Zärtlichkeit und Kraft, die Liebe nur je haben kann. Mein einziger Wunsch ist, dass diese Worte in jeder Zelle deines Wesens widerhallen mögen: ‚Du bist ein geliebter Mensch'."[19]

Wie den Emmausjüngern in Jesu Gegenwart das Herz brannte, brennt es in vielen von uns noch heute beim Lesen der Schriften von Henri Nouwen. Er starb unerwartet infolge eines Herzinfarkts. In seinen Werken jedoch lebt Henri Nouwen weiter.

Für heute: *Wie ein Vater sich seiner Kinder erbarmt, so erbarmt sich der Herr über alle, die ihn fürchten.* (Ps 103,13)

Susanne Jeutner

19. Tag · Mittwoch in der 3. Fastenwoche

Kleine Theresia von Lisieux – Angst

Theresia vom Kinde Jesus war eine ängstliche, junge Frau, als sie in den Karmel eintrat. Sie fand Befreiung, weil sie ganz fest auf die Barmherzigkeit Gottes vertraute. Dieses grenzenlose Vertrauen spürt man in dem folgenden Text: „Ach, ich fühle es, auch wenn ich alle Verbrechen der Welt auf meinem Gewissen hätte, ich würde nichts von diesem Vertrauen verlieren; mit einem von Reue gebrochenen Herzen würfe ich mich in die Arme meines Heilands. Er liebt den verlorenen Sohn, und ich habe die Worte gehört, die er zu Magdalena gesprochen hat. Nein, niemand vermöchte mich zu erschrecken, denn ich weiß Bescheid über seine Liebe und seine Barmherzigkeit."

Als die hl. Theresia von den Skrupeln befreit wurde, unter denen sie gelitten hatte, schrieb sie: „Schimpft ein Vater mit seinem Kind, wenn es seine Schuld selbst bekennt? Bestraft er es dann? ..."

Als man sie fragte, wie sie von ihren Ängsten befreit wurde, erzählte sie einen Traum: „Ein König, der auf die Jagd gegangen war, verfolgte einen weißen Hasen. Seine Hunde hatten ihn schon fast eingeholt. In diesem Augenblick kehrte der kleine Hase, der sich bereits verloren glaubte, plötzlich um und sprang in die Arme des Jägers. Dieser war über so viel Vertrauen betroffen und wollte sich von dem weißen Hasen nicht mehr trennen. Niemandem erlaubte er, ihn anzupacken, und behielt sich die Sorge für seine Nahrung vor. Genauso wird sich Gott uns gegenüber verhalten, wenn wir verfolgt von der Gerechtigkeit – versinnbildlicht durch die Hunde – Zuflucht in den Armen unseres Richters suchen ..." Eine gute Geschichte und ein treffender Vergleich. Wie sich der kleine Hase in seiner Todesnot in die Arme des Jägers flüchtet und gerettet wird, so rettet auch Jesus die Sünder, die reuevoll Zuflucht zu seinem heiligsten Herzen nehmen. Er umfängt sie in Barmherzigkeit.[20]

Für heute: *In deine Hände lege ich voll Vertrauen meinen Geist; du hast mich erlöst, Herr, du treuer Gott.* (Ps 31,6)

20. Tag · Donnerstag in der 3. Fastenwoche

Schwester Faustina[21] – Güte

Papst Johannes Paul II. hat die polnische Schwester Faustina selig- und am 30. April 2000 heiliggesprochen. Daran kann man erkennen, dass auch diesem Papst die Verkündigung der Barmherzigkeit ein wichtiges Anliegen war.

So berichtet Schwester Faustina von ihren inneren Eingebungen: „Ich will, dass die Sünder zur mir kommen ohne jede Furcht. Die größten Sünder haben ein ganz besonderes Anrecht auf meine Barmherzigkeit. Ich freue mich, wenn sie ihre Zuflucht nehmen zu meiner Barmherzigkeit. Ich überhäufe sie mit Liebe, weit über ihre Erwartungen. Ihretwegen bin ich auf diese Erde gekommen; ihretwegen habe ich mein Blut vergossen. Ich kann den nicht strafen, der sich meiner Barmherzigkeit anvertraut.
Keine Sünde, und wäre sie ein Abgrund von Bosheit, wird meine Barmherzigkeit ausschöpfen können; denn je mehr man schöpft, umso reichlicher fließt sie. Der größte Sünder entwaffnet meinen Zorn, wenn er nach meinem Mitleid ruft. Ich werde ihm gerecht durch meine unergründliche, unendliche Barmherzigkeit. Künde, meine Tochter, dass ich ganz Liebe und Erbarmen bin: Jeder, der sich mir mit Vertrauen naht, empfängt meine Gnade."[22]

Schwester Faustina formulierte eine Novene der Barmherzigkeit und einen Rosenkranz der Barmherzigkeit, so wie Jesus ihr die Worte eingab. Ich habe selbst kranke und sterbende Menschen begleitet, die durch das tägliche Beten des Rosenkranzes viel innere Freiheit von ihrer Angst und Trost erfahren haben.

Dann wünschte Jesus, dass Schwester Faustina sich einsetzt, dass die Kirche ein Fest der göttlichen Barmherzigkeit in den liturgischen Kalender einführt:

„Ich wünsche, dass das Fest meiner Barmherzigkeit eine Zuflucht sei für alle Seelen, besonders aber für die Sünder. An diesem Tag sind die äußersten Tiefen meiner Barmherzigkeit für alle geöffnet. Ich werde ein Meer von Gnaden über jene ergießen, die sich der Quelle meiner Barmherzigkeit nahen.

Niemand soll Angst haben, zu mir zu kommen, selbst wenn seine Sünden rot wären wie Scharlach. Meine Barmherzigkeit ist so groß, dass kein Verstand, weder von Menschen noch von Engeln, sie in Ewigkeit ergründen kann. Das Fest der Barmherzigkeit entströmt aus meinem tiefsten Inneren. Dieses Fest wird ein Trost sein für die ganze Welt."[23]

Diesem Wunsch entsprach Papst Johannes Paul II., als er am 30. April 2000 das „Fest der göttlichen Barmherzigkeit" offiziell für die ganze Kirche einführte und seine Feier auf den ersten Sonntag nach Ostern (Weißer Sonntag) festlegte.

Für heute: *Gehört hat der Herr mein Flehen, der Herr nimmt mein Beten an.* (Ps 6,10)

21. Tag · Freitag in der 3. Fastenwoche

Elisabeth – die gütige Königstochter

Die Kirche hat viele Menschen heiliggesprochen wegen ihres gütigen Herzens für die Armen. Sie haben alle eine Vorbildfunktion für uns Christen. Und die wirkt bis in unsere Tage. In dem Tagesgebet der hl. Elisabeth ist diese Wirkungsgeschichte über 800 Jahre gut ausgedrückt: „Gott, du Vater der Armen, du hast der heiligen Elisabeth ein waches Herz für die Armen gegeben, in denen sie Christus erkannte und verehrte. Gib auch uns den Geist deiner Liebe und leite uns an zu helfen, wo Menschen in Not und Bedrängnis sind. Auf ihre Fürsprache vertrauen wir. Darum bitten wir durch Jesus Christus."[24]

Elisabeths „öffentliches" Wirken beginnt mit ihrer Hilfsaktion während der großen Hungersnot im Winter des Jahres 1225/1226. Während Ludwig auf Reisen ist – er war vom Kaiser zum Hof nach Cremona gerufen worden –, öffnet sie sämtliche Kornkammern Thüringens und verteilt die gesamte Ernte eines Jahres als Almosen an die Armen. Sie geht dabei nicht planlos vor, sondern wohldurchdacht. Elisabeth gab den Hungernden täglich nur so viel, dass sie satt wurden. Doch Almosen allein half lediglich zur Abwehr der unmittelbaren Not. Deshalb unterstützte Elisabeth mit einer weiteren Maßnahme die Armen und Mittellosen. Wir würden heute von „Hilfe zur Selbsthilfe" sprechen. Sie gab allen Arbeitsfähigen Hemden und Schuhe. Sie ermahnte die Bauern, Saatgut zurückzulegen für die Aussaat im nächsten Jahr. In diesem Sozialprogramm kommt nicht nur Elisabeths

„Option für die Armen" zum Ausdruck, sie handelt auch in Übereinstimmung mit ihrem Mann Ludwig, der nach seiner Rückkehr alle ihre Maßnahmen zur Linderung der Hungersnot bestätigte und sie ausdrücklich guthieß.

Während ihr Gemahl zum Kreuzzug ins Heilige Land aufgebrochen war und auf dem Weg dorthin an einer Seuche in Süditalien verstarb, machte Elisabeth mit dem christlichen Gebot der Nächstenliebe in radikaler Weise Ernst. Sie verteilte Getreide und Geld an die Hungernden. Sie pflegte die Kranken. Sie rüstete zuweilen auch verarmte Bauern mit Ackergeräten aus, damit sie sich ihre Lebensgrundlage wieder selbst erwirtschaften konnten.

Wie sie in ihrem ganzen Leben eine Trösterin der Armen war, so wurde sie ganz und gar eine Wohltäterin der Hungernden, als sie bei der Wartburg ein Spital errichten ließ, in das sie viele Kranke und Schwache aufnahm. An alle, die sie um ein Almosen baten, teilte sie dort in reichem Maß Liebesgaben aus, und das nicht nur dort, sondern auf dem ganzen Gebiet des Landgrafen. Die gesamten Einkünfte, die sie aus vier Herrschaften ihres Gemahls bezog, gab sie so restlos aus, dass sie zuletzt ihren ganzen persönlichen Aufwand und ihre kostbaren Kleider für die Armen verkaufen ließ.

Zweimal am Tag, morgens und abends, pflegte sie alle ihre Kranken selbst zu besuchen und versorgte dabei die besonders Abstoßenden unter ihnen persönlich.

Als Ludwig vom Kaiserhof zurückkehrte, berichtete man ihm, Elisabeth habe im Ehebett einen Aussätzigen gepflegt. Als Ludwig verärgert die Bettdecke zurückschlug, lag im Bett – ein Kreuz.

Im Winter 1227 wurde die verwitwete Landgräfin Elisabeth von Thüringen von ihrem Wohnsitz auf der Wartburg in Eisenach vertrieben. Ein Skandal ersten Ranges. Erst im September hatte sie ihren Mann Ludwig IV. verloren, nur kurze Zeit später ihr drittes Kind geboren. Nun wurde sie – mitten in der kalten Jahreszeit – von ihrem Schwager Heinrich Raspe buchstäblich vor die Tür gesetzt. Eben noch Burgherrin, fand sich die Fürstin unvermittelt in der Situation einer obdachlosen Bettlerin wieder. Dabei hatte sie selbst unablässig Armen und Notleidenden zu helfen versucht. Doch genau das war ihrem Schwager ein Dorn im Auge.

Das berühmte Rosenwunder gehört in die Zeit der Vertreibung von der Wartburg durch ihren Schwager Heinrich Raspe. Er hat ihr verboten, weiter Brot, Kleider und Almosen an die Armen zu verschenken. Aber sie tut es doch. Als sie wieder einmal mit einem Korb voll Brot unterwegs ist, wird sie erwischt. Zur Rede gestellt, was sie da unter ihrem Mantel verborgen hat und es zeigen muss, hat sich das Brot in duftende Rosen verwandelt.

Elisabeth hatte aus tiefer Religiosität heraus einen Zugang zum Ideal der Armut. Ihre Spiritualität wurde durch die franziskanische Armutsbewegung getragen. Als Elisabeth 1223 von der Wartburg vertrieben wurde, begann eine schlimme Zeit für sie. Aus Angst vor dem neuen Landesherrn wurde sie von den Bürgern wie eine Aussätzige behandelt. Sie wohnte mit ihren Kindern in einem abbruchreifen Haus. Wenn adlige Frauen Witwen wurden, traten sie in ein Kloster mit strenger Klausur ein. Die heilige Hedwig zum Beispiel handelte so. Elisabeth schockierte die Adligen. Sie blieb bei den Armen und pflegte die Kranken. Elisabeth hat mit ihrer Armenhilfe die mittelalterlichen Strukturen zwischen Armen und Reichen ins Wanken gebracht. Auch die Ständeordnung war gefährdet, weil sie sich als Königstochter und Landesherrin erniedrigte und selber die Geschwüre der Kranken auswusch.

Später erstritt ihr geistlicher Begleiter, Konrad von Marburg, beim Landesherrn Heinrich Raspe ihren Witwenanteil. Darauf lud Elisabeth alle Armen zu einem festlichen Mahl ein. So war Elisabeth. Von diesem Anteil baute sie in Marburg ein Hospital und pflegte die Kranken eigenhändig.

Nach 800 Jahren wird mit der 1207 in Ungarn geborenen Königstochter eine der ungewöhnlichsten Frauengestalten des Mittelalters geehrt. Mit 24 Jahren ist die ehemalige Landgräfin in Marburg ganz arm gestorben.

Es war diese mildtätige, am heiligen Franz von Assisi orientierte Haltung Elisabeths, derentwegen ihr Schwager sie von der Burg jagen ließ. Dies war auch für Papst Gregor IX. der Grund, sie schon vier Jahre nach ihrem frühen Tod heiligzusprechen. Elisabeth gab aus vollen Händen und mit ganzem Herzen. „Gott ist Fülle" bedeutet das hebräische Wort „Elisabeth" – der Taufname war ihr Programm.

Ihr Lebenszeugnis hat viele über 800 Jahre ermutigt zu Güte und Barmherzigkeit. Denn es gibt nichts Lebendigeres als einen toten Heiligen.

Für heute: *Das Almosen eines jeden ist bei ihm wie ein Siegelring, des Menschen Wohltat behütet er wie einen Augapfel.* (Sir 17,22)

22. Tag · Samstag in der 3. Fastenwoche

Mutter Teresa – Nächstenliebe

Mutter Teresa wurde am 26. August 1910 in Skopje geboren. Schon im Alter von zwölf Jahren entschied sie sich für ein Leben als Ordensfrau und bat im Alter von 18 Jahren um die Aufnahme ins Noviziat der Loretoschwestern. Zunächst wurde sie ins Mutterhaus der Loretoschwestern nach Irland geschickt, aber nach nur zwei Monaten von dort nach Bengalen gesandt. In Kalkutta legte sie die Profess ab und war dort siebzehn Jahre in der St. Mary's School tätig, wo sie erst als Lehrerin, dann als Direktorin wirkte.

Auf einer Fahrt durch Kalkutta verspürte sie am 10. September 1946 beim Anblick eines Kruzifixes die Berufung, den Armen zu helfen. In ihrem Tagebuch schilderte sie dieses Erlebnis als mystische Begegnung mit Jesus, der sie mit den Worten „Mich dürstet" dazu aufforderte, ihm in den Ärmsten der Armen zu dienen. Sie suchte um Erlaubnis, die Klausur der Loretoschwestern für dieses Apostolat einstweilig zu verlassen, erhielt diese aber erst zwei Jahre später. Mutter Teresa wurde exklaustriert, d.h. sie konnte die Klausur verlassen, blieb aber Ordensfrau.

Fortan lebte Mutter Teresa in Kalkutta, wo sie zunächst als einzelne Ordensfrau wirkte, bis sich ihr einige frühere Schülerinnen anschlossen. Sie gründete eine Ordensgemeinschaft „Missionarinnen der Nächstenliebe". Zu ihren Lebzeiten wuchs diese Gemeinschaft auf über 3000 Mitglieder an. Die Armut und eine Stunde Anbetung waren die wichtigsten Verpflichtungen.[25]

Mutter Teresa hatte 1947, kurz nach der Unabhängigkeit Indiens, die indische Staatsbürgerschaft angenommen. Sie sprach damals schon fließend Bengali.

Für ihr Wirken erhielt Mutter Teresa zahlreiche Preise. Die bedeutendsten waren 1978 der Balzan-Preis für Humanität, Frieden und Brüderlichkeit unter den Völkern und 1979 der Friedensnobelpreis. In ihrer Rede bei der Verleihung des Friedensnobelpreises bezeichnete Mutter Teresa die Abtreibung als „größten Zerstörer des Friedens". In Albanien wird der Tag der Seligsprechung von Mutter Teresa als Nationalfeiertag begangen, an dem Behörden und Schulen geschlossen bleiben. Im Jahr 2003 wurde der Flughafen Tirana anlässlich ihrer Seligsprechung nach Mutter Teresa benannt. Sie wird auf der ganzen Welt verehrt und geehrt.

Als Mutter Teresa den Vatikan besuchte, war sie sehr traurig, als sie sich von Papst Johannes Paul II. verabschiedete. Als er nach dem Grund fragte, sagte sie: „Ich habe im Vatikan keinen Ort für die Armen gefunden." Darauf durften die Schwestern im Vatikan eine Suppenküche und für die ärmsten Frauen der Stadt Rom ein Altenheim eröffnen.

Mutter Teresa war immer ganz ungekünstelt und eine schlichte, normale Frau, sehr sanftmütig und voller Frohsinn. Nach ihr ist durch das Leid eine besondere Nähe zu Jesus Christus erfahrbar.

Auf Vorwürfe ihrer Mitarbeiter, es mangle oftmals an medizinischer Ausbildung, entgegnete Mutter Teresa: „Nicht der Erfolg, sondern die Treue im Glauben ist wichtig." Neben der weltweiten Anerkennung für ihre Arbeit wurde sie für ihr Engagement auch kritisiert, z. B. für ihr Engagement für das ungeborene Leben. „Der größte Zerstörer des Friedens ist heute der Schrei des unschuldigen, ungeborenen Kindes", sagte sie.

Der Seligsprechungsprozess begann im Juni 1999 mit besonderer Erlaubnis von Papst Johannes Paul II. Das bis dahin kürzeste Seligsprechungsverfahren der Neuzeit endete mit der Seligsprechung Mutter Teresas am 19. Oktober 2003. Ihr Gedenktag in der Liturgie der römisch-katholischen Kirche ist der 5. September.

Für heute: *So soll es auch bei euch sein: Wenn ihr alles getan habt, was euch befohlen wurde, sollt ihr sagen: Wir sind unnütze Sklaven; wir haben nur unsere Schuldigkeit getan.* (Lk 17,10)

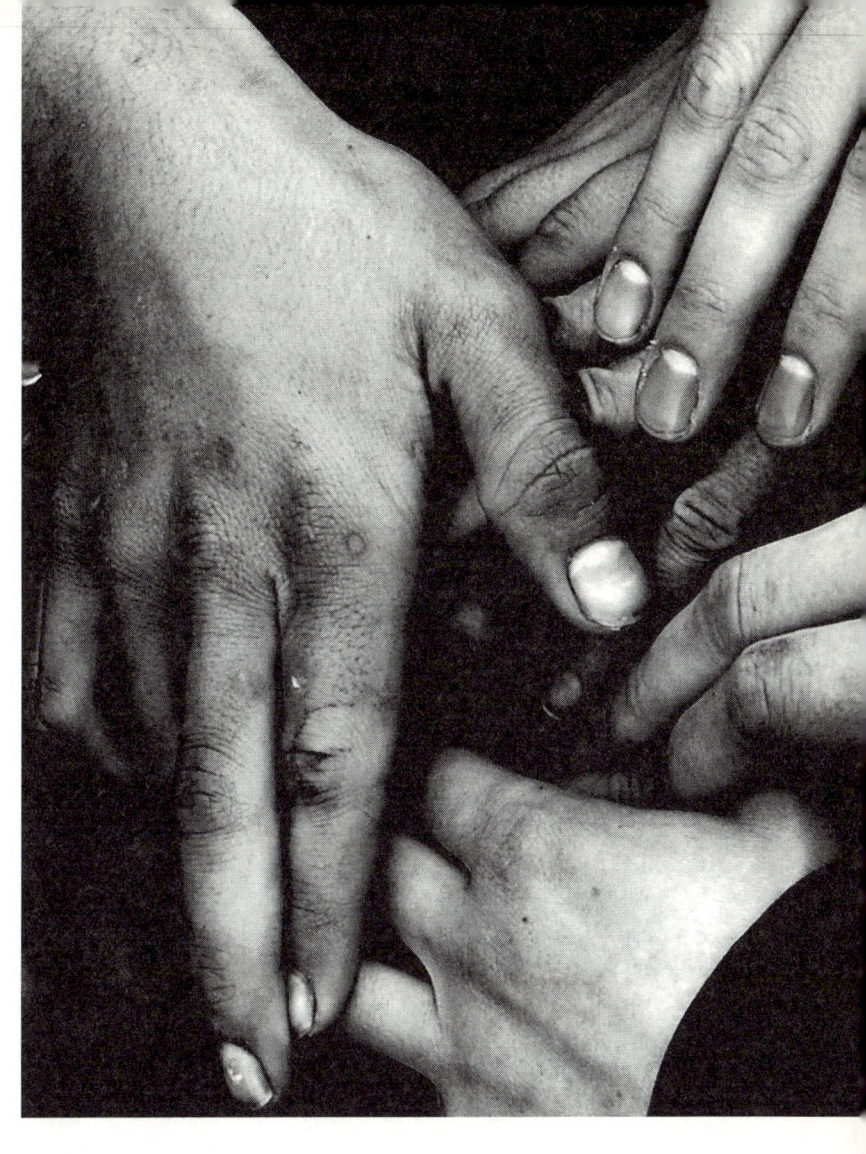

Erfahrung der Barmherzigkeit

23. Tag · Montag in der 4. Fastenwoche

Selig sind die Barmherzigen

Ich hatte alles so gut vorbereitet für meine anstehende Prüfung. Vor allem: die Kinderbetreuung organisiert. Denn wie soll man als Ärztin, Ehefrau und Mutter mit zwei quirligen Kindern im Grundschulalter neben der Arbeit sonst ein examensähnliches Lernpensum bewältigen? Aber jetzt war ich an einen Punkt gelangt, an dem es nicht mehr nach meinem Willen lief.

Denn ausgerechnet jetzt hatte sich meine Mutter die Wirbelsäule gebrochen und musste operiert werden. Meine Hauptstütze war auf einmal weg! Mein Mann, ebenfalls Arzt, bekam gleich zwei langfristige und aufwendige Sonderaufgaben in der Klinik dazu. Und die eingeplanten Freundinnen und Bekannten konnten plötzlich auch nicht helfen. Ja, hatten sich denn alle gegen mich verschworen? Ich war sauer, dann trotzig – ich schaffe das auch so! Die nächsten Tage waren schrecklich, und der Druck nahm zu. Ich war ständig gereizt, schimpfte bei jeder Kleinigkeit, der Haussegen hing schief. Jeder Tropfen konnte das Fass zum Überlaufen bringen. Ich aß und schlief nicht mehr richtig, hatte ständig Kopfschmerzen.

In einer dieser wachen Frühstunden bilanzierte ich: Nicht nur, dass ich panische Angst hatte und keine Chance zum Lernen und Bestehen sah – sondern, was hatte das alles mit meinem Glauben zu tun, den ich doch seit fast vierzig Jahren als die Richtschnur meines Lebens betrachtete? War ich so ein glaubensresistenter Mensch, dass alle Bibelverse, Gebote und Gebete in dieser Not nicht helfen konnten? Gab es überhaupt irgendetwas, das ich an meinem Verhalten „christlich" nennen könnte?

Ich dachte nach: Nun, ich hatte mich zumindest nicht grundlos krankschreiben lassen und somit Kollegen und Klienten belastet. Ich hatte mit den Kindern trotz allem – wenn auch teilweise etwas widerwillig – viel Zeit verbracht, hatte es öfter nicht übers Herz gebracht, meinem berufsgebeutelten Mann seine häuslichen Abendpflichten abzufordern, … und natürlich – das wollte ich ja gar nicht rechnen – regelmäßig meine Mutter besucht. Mir kam ein Vers aus der Bergpredigt im Matthäusevangelium in den Sinn: „Selig sind die Barmherzigen, denn sie werden Barmherzigkeit erlangen."

Dieser Vers aus den Seligpreisungen leuchtete in meinen Gedanken plötzlich auf wie draußen der Sonnenaufgang. Ich steckte tief im Leistungsdenken drin, aber diese Zusage kam ja von Gott selbst! Die Vorstellung, zumindest einen kleinen Teil zur Erfüllung der Verheißung beitragen zu können, half mir dabei, den Vers auf mich zu beziehen. Gott meinte mich persönlich! Schlagartig merkte ich, dass ich ruhiger wurde. Ich konnte sogar noch den Rest meiner bis zum Aufstehen verbleibenden Zeit eindösen.

Am nächsten Tag dachte ich noch einmal über mein Erlebnis nach. Wie schwer fiel mir die Rollenumkehr! Ich hatte Klienten immer zugesprochen, dass es nicht auf unsere Leistung ankommt, sondern auf den Menschen: Jeder muss besonders bewertet werden. Jetzt sollte ich plötzlich selber in dieser Situation sein – und schwach …? Zum anderen – ich war eine gute Studentin gewesen, und jetzt sollte ich plötzlich nicht durch vermehrtes Lernen, sondern nur durch Gnade bestehen? Ich argumentierte: „Gott, du weißt, dass ich die

Klienten später mit dem Wissen viel besser versorgen kann.
Es ist doch nur noch für kurze Zeit, dass ich so viel zusätz-
lich lernen muss ..."

„Ich will, dass mein Reich AUF DER STELLE gebaut wird",
hörte ich die leise Stimme. Dazu fiel mir noch ein Vers aus
dem Römerbrief ein: „Das Reich Gottes besteht in
Gerechtigkeit und Friede und Freude im Heiligen Geist."
Also nicht gerade das, was sich bei uns in letzter Zeit abge-
spielt hatte. „Auf der Stelle", das konnte man zeitlich verstehen, aber ursprünglich natürlich örtlich. Hier und jetzt in
meiner Familie, mit den engsten Freunden. Nicht irgendwann später im Beruf oder irgendwo.

In der kommenden Nacht schlief ich erstmals wieder hervor-
ragend. Ich beschloss, nicht mehr zu sagen: „Wenn ich beste-
he", sondern „Ich werde bestehen". Ab jetzt würde ich versuchen, ohne Widerstand das zu tun, was der Moment forder-
te. Ansonsten wollte ich lernen, so gut es ging – ohne die
anderen oder mich zu überfordern. Den Rest müsste Gott
machen.

Es war erstaunlich, wie sich die Lage beruhigte. Der Friede
hielt an. Meine Wutausbrüche wurden kürzer und seltener.
Die Kinder wurden zufriedener, mein Mann genoss die ent-
spannte Atmosphäre. Mein verbesserter Schlaf bescherte mir
wieder mehr Merkfähigkeit. Nein, ganz wurde ich meine
Ängste bis zur Prüfung nicht los. Aber es war die normale
Spannung.

In der Prüfung wurde der Stoff abgefragt, auf den ich mich
besonders gründlich vorbereitet hatte. Am Schluss der
Prüfung erhielt ich sogar ein Lob.

Die Erfahrung dieser unerwarteten Rettung aus meiner schlimmen Bedrängnis wirkt bis heute in mir nach. Letztlich habe ich zwei Prüfungen bestanden – und etwas Wichtiges fürs Leben gelernt: Gottes Barmherzigkeit dankbar anzunehmen und weiterzuschenken.

Für heute: *Selig sind die Barmherzigen; denn sie werden Erbarmen finden.* (Mt 5,7)

Ruth Jeutner[26]

24. Tag · Dienstag in der 4. Fastenwoche

Gottes Barmherzigkeit beanspruchen

Vor etwa drei Jahren, bei einem geistlichen Einkehrtag, sollten wir Teilnehmer aus verschiedenen, mit Bibelversen bedruckten Papierstreifen denjenigen auswählen, der uns am meisten anspricht. Ich zog, ohne lange zu überlegen, den Zettel mit den beiden ersten Versen des Psalms 139. Bei manchem mag es eher Unsicherheit und Unbehagen auslösen, dass Gott uns stets im Blick hat und alles von uns weiß. Ich wählte diese Verse damals aus, weil sie mir – ganz im Gegenteil – ein Gefühl von Geborgenheit vermittelten: Denn bei Gott stehe ich nicht unter argwöhnender Beobachtung, sondern er blickt wohlwollend, gütig und barmherzig auf mich.

Diese Einsicht, dass Gott barmherzig auf mich und mein Leben schaut, hatte ich nicht durchgängig. Damit ich das wahrnehmen und verstehen konnte, bedurfte es einer konkreten Erfahrung von Gottes Barmherzigkeit. Die Beichte hat dabei die entscheidende Rolle gespielt.

Zur Beichte gehen – das gehörte für mich lange Zeit, auch aufgrund meiner katholischen Sozialisation, einfach dazu. Ich war als Kind und Jugendliche zwar vorher immer nervös, aber nachher fühlte ich mich jedes Mal besser, irgendwie befreit. Mit Anfang zwanzig hörte ich trotzdem auf, beichten zu gehen. Das hatte nicht etwa mit einer negativen Beichterfahrung zu tun. Es lag vielmehr daran, dass es mir schwerfiel, über die komplexer werdenden Ereignisse, Beziehungen und die damit verbundenen Probleme und Verletzungen in meinem Leben zu sprechen, geschweige denn: etwas davon zu beichten. Ich bedauerte das, habe es aber erst einmal verdrängt. Den Übergang vom Kinderglauben zum Erwachsenenglauben reibungslos zu gestalten oder zu überstehen – das ist gar nicht so einfach. Diese Erfahrung machen wohl viele.

Abgesehen davon, dass ich fortan das Beichtsakrament nicht mehr in Anspruch nahm, änderte sich äußerlich betrachtet nicht viel. So ging ich z. B. weiterhin regelmäßig zur Messe, verlegte mich aber ansonsten auf eine mehr intellektuelle Beschäftigung mit Gott und meinem Glauben. Während meines geisteswissenschaftlichen Studiums habe ich oft Seminare und Vorlesungen besucht, von denen auffallend viele auch Themen rund um Kirche und Glauben berührten – ohne dass ich Theologie studierte: sei es, dass es um die „Päpste des 13. Jahrhunderts" oder die „Textgattung Heiligenlegende" ging. Solche Themen zogen mich stets an.

Bei aller „Kopflastigkeit" habe ich im Laufe der Jahre bemerkt, dass mich immer wieder ganz besonders die Texte und Gebete ansprachen und berührten, die von großer Hingabe und tiefem Gottvertrauen ihrer Verfasser zeugten. „Nicht das Vielwissen sättigt die Seele, sondern das Fühlen und Kosten der Dinge von innen", bringt es der hl. Ignatius von Loyola auf den Punkt. Genau das nahm ich wahr. Da gab es mehr. Ich spürte den Wunsch, ja, zunehmend eine Sehnsucht danach, auch so zu glauben: mit mehr Innerlichkeit. Gleichzeitig war da aber etwas wie eine innere Sperre, die verhinderte, dass ich mich dem öffnen konnte.

Mir wurde nach und nach klar, dass ich meine Beziehung zu Gott nur intensivieren konnte, wenn ich etwas änderte und reinen Tisch machte. Das funktioniert in der Beziehung zu Gott genauso wie in der zu anderen Menschen: Wenn man merkt, dass etwas in einer Beziehung nicht stimmt, ist es gut, sich dem Gegenüber zu öffnen und darüber zu reden. Damals dachte ich erstmals wieder an die Beichte. Der Zeitraum, von dem ersten Gedanken daran bis zu dem Tag, an dem ich ihn in die Tat umsetzte, zog sich aber noch über mehrere Jahre. Wieder beichten zu gehen, kostete mich einige Überwindung. Wer redet schon gerne über Verletzungen, Unversöhntes, das Unangenehme, Misslungene, auch Peinliche im eigenen Leben!? Da hatte sich in den insgesamt fünfzehn Jahren, in denen ich das Sakrament ausgeblendet hatte, einiges angesammelt. Auch die Suche nach dem richtigen Ort dafür zog (s)ich hin.

Aber es hat sich gelohnt, den „Neustart" zu wagen. Für mich war und ist die Beichte eine wunderbare wie einfache Möglichkeit, Gottes Barmherzigkeit in Anspruch zu nehmen und immer wieder neu erfahren zu können. Ein echtes Geschenk! Und für mich der richtige Weg zu einer Neubelebung meines Glaubens. Die Beichte hat mir geholfen, vieles zu klären und meine Beziehung zu Gott auf neue Füße zu stellen – sie nicht nur intellektuell-theoretisch zu umkreisen, sondern zu einer dauerhaften Herzensangelegenheit in meinem Leben zu machen.

Vor dem Hintergrund dieser Erfahrung haben viele kleine Ereignisse und Begegnungen aus vergangenen Jahren für mich noch einmal eine ganz andere Bedeutung bekommen. In vielem erkenne ich, dass und wie Gott mich begleitet und geführt hat. Ich glaube z. B., dass es kein Zufall war, dass mein Germanistikprofessor mir für meine Abschlussarbeit ein mittelalterliches Werk vorschlug, in dem die Frage von

Schuld und die Möglichkeiten des Umgangs mit ihr ein Kernthema war. Und ich glaube, dass Gott dafür gesorgt hat, dass ich nach Jahren des Suchens in einer Kirchengemeinde ankam und mittlerweile beheimatet bin, in der die Barmherzigkeit Gottes ein zentrales Thema ist und das Sakrament der Versöhnung einen festen Platz einnimmt.

Es ist die Frage, ob man sein Leben auf diese Weise betrachten möchte: aus der Perspektive des Glaubens, die darauf vertraut, dass alles von Gott her seinen Sinn hat. Ich bin froh, dass ich diese Perspektive einnehmen kann.

Wie jeder Mensch scheitere und fehle auch ich immer wieder. Aber immer aufs Neue darf ich auf Gottes Barmherzigkeit vertrauen. In diesem Vertrauen betet auch der Psalmist am Ende des Psalms 139: *Erforsche mich, Gott, und erkenne mein Herz, / prüfe mich und erkenne mein Denken! / Sieh her, ob ich auf dem Weg bin, der dich kränkt, / und leite mich auf dem altbewährten Weg.*

Für heute: *Herr, du hast mich erforscht und du kennst mich. Ob ich sitze oder stehe, du weißt von mir.* (Ps 139,1)

Verena Schlinkert

83

25. Tag · Mittwoch in der 4. Fastenwoche

Heilende Barmherzigkeit

Ich will dir danken, Herr, aus ganzem Herzen, verkünden will ich all deine Wunder. (Ps 9,2)

Früher habe ich über Leute gespottet, die regelmäßig in die Kirche gehen. Aber dann kam eine so tief greifende Wandlung, dass ich mir heute Gott, die Mitchristen und unsere Kirche aus meinem Leben nicht mehr wegdenken kann.

Lange war ich einsam und suchtkrank gewesen. Alle Versuche, gesund zu werden, scheiterten. Eines Tages hielt ich es nicht mehr aus und suchte Hilfe bei Gott. Nie hatte ich zu irgendjemandem von meiner Sucht gesprochen, weil mir die Hemmschwelle unüberwindbar zu sein schien. Fast wäre ich an meiner Schuld zugrunde gegangen. Endlich redete ich mir während einer Beichte alles von der Seele und wollte meine ganzen Kräfte dafür einsetzen, ein neues Leben zu beginnen. Der Pfarrer sagte: „Ich bin mir sicher, dass Gott Ihnen längst vergeben hat. Nun müssen Sie versuchen, sich selbst zu vergeben." Das war Barmherzigkeit in reinster Form. Keine Strafe, keine Vorwürfe, keine harten Worte. Stattdessen Vergebung, ein langes Lächeln, ein aufmunternder Händedruck.

Im Anschluss an die Lossprechung wurden mir zunächst glückliche und gnadenreiche Wochen voller Licht geschenkt. Es war wie ein Erwachen nach langer Nacht. Innerlich jubelnd und grenzenlos erleichtert, kam es mir vor, als würde ich fliegen. Nachts konnte ich kaum schlafen, so voller Tatendrang war ich. Am liebsten hätte ich vor Freude getanzt und die Menschen pausenlos angestrahlt. Sie strahlten zurück!

Als es nach den ersten Wochen schwerer wurde, nicht wieder in alte, selbstzerstörerische Verhaltensmuster zu verfallen, halfen mir die neuen Gemeindekontakte und ein geistlicher Begleiter, stark zu bleiben. Außerdem pflegte ich sporadischen Kontakt zu einer Bibelgruppe. Wir lasen theologische Texte, diskutierten, musizierten und tauschten Erfahrungen aus. Das Schönste waren die abschließenden Gebete. Wer mochte und sich traute, hielt laut Fürbitte. „Heute wollen wir für dich beten", sagte eine Teilnehmerin zu mir. Das ging mir unter die Haut. Die gesamte Gruppe wandte sich um meinetwillen an Gott! Ich war bis ins Innerste berührt und spürte ganz viel neuen Mut. Den durfte ich um keinen Preis verlieren, denn es folgte eine tränenreiche, mühselige Wegstrecke der Läuterung. Häufig wachte ich bereits in den frühen Morgenstunden auf: „Gott, das Sakrament der Versöhnung ist doch heilig und alles, was dort geschieht, ist ebenfalls heilig. Bitte hilf mir, diese eine große letzte Chance nicht zu vertun!"
Am Wochenende betete ich wenigstens eine Stunde in einer der nahen Kirchen. Ich erzählte Gott alles von der vergangenen Woche, dankte, weinte, flehte ihn an, schimpfte, je nachdem.

Es war mühselig, bis ich auch innerlich heil wurde. Alles ging gut.

Dass es mir aufgrund des Sakraments der Versöhnung gelingen würde, eine schwere Sucht zu überwinden und Freunde zu finden, erscheint mir bis heute manchmal wie ein

Wunder. Es ist wahr: Gebete und Nächstenliebe haben mich geheilt. Gott ist für mich der einzige wahre Heiler und die Barmherzigkeit in Vollendung.

Für heute: *Barmherzigkeit aber triumphiert über das Gericht.* (Jak 2,13)

Dorothee Urban

Die Menschenfreundlichkeit Gottes

Viele Jahre lang hatte ich ein stark feministisch geprägtes Gottesbild. In dieser Zeit leitete ich als Psychologin die Dienststelle „Frauengewalt"[27]. Gott war für mich eine Göttin bzw. eine Mutter, aber sicher kein Mann. Das Wort „Herr" hatte ich, so gut es ging, aus meinem kirchlichen Vokabular entfernt oder zu umgehen versucht. Wann und warum ich von dieser doch in dieser Weise ebenso einseitigen Sichtweise des Gottesbegriffs weggekommen bin, kann ich im Nachhinein nicht mehr nachvollziehen.

Ich denke, dass ich im Laufe meines Lebens einfach nachsichtiger, großzügiger und irgendwie auch offener geworden bin. Vielleicht war es für mich als Frau einfach wichtig, die weibliche Seite Gottes zu betonen, um mich als Frau in der Kirche finden zu können. Durch diese doch recht extreme Haltung hat sich meine Sichtweise über Gott geweitet und auf einem ausgewogenen Niveau eingependelt. Ich musste mich nicht mehr auf diese Art und Weise abgrenzen, um mich als Frau in der Kirche ernst- und wahrgenommen zu fühlen.

Welches Gottesbild unterstützt und begleitet mich heute bei meiner Arbeit als Pfarreileiterin und Seelsorgerin? Ich habe Gott für mich in seinen vielen Eigenschaften gefunden. Eigenschaften, die mir als Frau und Mensch hilfreich sind: Gott ist ein barmherziger, ein verzeihender Gott, ein liebender Gott, der tiefer sieht, der auch wahrnimmt, was mir selber fremd oder für mich gar nicht sichtbar ist.

Im letzten Jahr habe ich bei der Gottesdienstvorbereitung zum Nationalfeiertag in unserer Schweizer Nationalhymne „Trittst im Morgenrot daher ..." etwas entdeckt, das ich bisher nie in dieser Schönheit wahrgenommen habe. Unsere Nationalhymne erinnert mich an den Sonnengesang des heiligen Franziskus. Sie ist eine Naturmeditation von großer spiritueller Tiefe. Sie besingt die Wunder der Bergwelt und preist Gott in vielfältiger Weise.

Acht Namen Gottes verbindet der Autor mit der Erfahrung der Natur. Die Schöpfung wird dadurch zur Schönschrift des Schöpfers: Hocherhabener, Herrlicher, Menschenfreundlicher, Liebender, Unergründlicher, Ewiger, allmächtig Waltender, Rettender. Die Spiritualität in diesem Lied ließ mich die Nationalhymne plötzlich mit offenem Herzen mitsingen. Die Seele ahnt darin Gott den Herrn.

Alle diese wunderbaren Eigenschaften hat Gott in seinem Sohn für uns erlebbar und spürbar gemacht. Aus Liebe schenkt sich Gott selbst – für mich, für uns. Wenn ich all meine Erkenntnisse und Gefühle kurz zusammenfassen muss, dann in diesem kleinen Satz, in dem das ganze Evangelium zusammengefasst ist: „Gott ist die Liebe." (1 Joh 4,16) Die Liebe kennt zuletzt kein „warum". Zuletzt ist die Liebe grundlos. Gott liebt mich, liebt alle Menschen, so wie sie sind, denn er sieht uns ganz. Er heilt und vollendet alles Unfertige. Nichts von dem, was wir tun, geht verloren, es ist hineingenommen in die Barmherzigkeit Gottes, die unser vergängliches Leben in die endgültige Liebe hinein umwandelt. Seine Barmherzigkeit ist mit unserem menschlichen Denkvermögen nicht zu erfassen.

So dürfen wir – jede und jeder von uns – immer wieder vor Gottes Barmherzigkeit hintreten und bitten: „Gott, gib mir die Kraft, meine Mitmenschen bedingungslos anzunehmen. Sie zu nähren und zu tragen, auch wenn es auf meine Kosten geht. Und gib mir offene Arme, die Geborgenheit und Heimat schenken!"

Für heute: *Friede wohne in deinen Mauern, in deinen Häusern Geborgenheit.* (Ps 122,7)

Rita Wismann-Baratto[28]

27. Tag · Freitag in der 4. Fastenwoche

Der gütige Beichtvater: Leopold Mandic

Am 16. Oktober 2013 waren es dreißig Jahre her, dass in Rom ein kleiner Ordensmann heiliggesprochen wurde – und zwar während der Bischofssynode zum Thema „Buße und Versöhnung im Leben der Kirche". So kam es, dass an der Heiligsprechung über hundert Bischöfe teilnahmen, dazu viele Priester und Laien, vor allem aus Italien und Kroatien.

Der neue Heilige stammte nämlich aus Herzog Novi, wo er am 12. Mai 1866 als zwölftes Kind einer Fischerfamilie geboren worden war. Die wenigen Katholiken dort wurden von Kapuzinern aus Padua betreut. Sie nahmen den jungen Mandic in ihr Seminar in Udine auf; später studierte er dann Philosophie und Theologie in Padua, wo er 1890 zum Priester geweiht wurde. Sein Wunsch war, als Missionar in seine Heimat zurückzukehren und für die Einheit der orthodoxen Christen mit der katholischen Kirche zu arbeiten. Doch die Oberen hielten ihn für ungeeignet, weil er seit der Kindheit einen Sprechfehler hatte, schüchtern war und klein von Gestalt. Er wurde in verschiedenen Klöstern eingesetzt, bis er 1909 Rektor der Studenten in Padua wurde, denen er die Lehre der Kirchenväter nahebrachte, denn Leopold war durch seinen Eifer im Studium aufgefallen und liebte es, die Heilige Schrift und Augustinus zu lesen.

Wie gerne hätte er gepredigt! Doch es fehlte ihm die Erlaubnis. Er durfte nur Beichte hören, Kranke besuchen, die Messe feiern. Und dies tat er mit großer Hingabe. Den Studenten brachte er etwas Kroatisch bei, in der Hoffnung, dass einige einmal Missionare in seiner Heimat würden. Er selber nahm nie die italienische Staatsbürgerschaft an, sodass er im Ersten Weltkrieg, als Österreich-Ungarn mit Italien im Krieg lag, in Süditalien von Konvent zu Konvent flüchtete.

Nach dem Krieg war er ununterbrochen Beichtvater im Hl. Kreuz-Kloster in Padua. Selbst noch am 29. Juli 1942 hört er wie die meisten Tage zuvor acht Stunden Beichte und stirbt dann in der Frühe des folgenden Tages. Heute noch ist seine kleine Beichtzelle zu sehen, in der er Tausende von Beichtwilligen empfangen hat: Kinder, Frauen, Männer jeglichen Standes, Priester und Bischöfe. Der 5,50 mal 4,30 Meter große Raum ist das Einzige, was beim Luftangriff vom 14. Mai 1944 vom Kloster stehen geblieben ist − Wahrzeichen der Barmherzigkeit, die sich in diesem Raum über unzählige Sünder ergossen hat.

„Dieser Raum ist mein Orient"
Was ist das Große an Leopold Mandic? Dass er sich selbst und die Entscheidung anderer angenommen hat. Klein und gekrümmt von Gestalt, war er keine Schönheit, aber er hat sich deswegen nicht versteckt; er ging auf die Leute zu. In jungen Jahren litt er an seinem Stottern, übte sich im Sprechen und schämte sich, wenn er vor anderen keinen Satz vollständig herausbrachte. Mit der Zeit nahm er auch dieses Gebrechen an und scherzte sogar darüber. Dass er nicht predigen durfte, verbitterte ihn nicht; er sprach dafür umso mehr mit Gott, betete viel und intensiv, auch nachts. Sein Herzensanliegen war es, zu seinen Landsleuten zurückzukehren nach Dalmatien und Istrien, wo die meisten Christen nicht der katholischen Kirche angehörten.

Lange vor dem II. Vatikanischen Konzil machte er sich die letzte Bitte Jesu zu eigen: „Dass alle eins seien" (Joh 17,21). In diesem Sinn wollte P. Leopold im Orient wirken; er äußerte mehrmals die Bitte, aber seine Oberen erfüllten sie nicht. Statt nun zu resignieren oder zu protestieren, verwandelte er die ihm zugewiesene Beichtzelle in seine Mission: „Das ist mein Orient", pflegte er zu sagen.

Im Halbdunkel der Beichtzelle in Padua gewann er mehr Katholiken zurück oder bestärkte sie im Glauben, als er Orthodoxe auf der anderen Seite der Adria hätte gewinnen können. Die Zeit war dafür nicht reif und ist es wohl auch heute noch nicht. Wichtig aber ist, dass das Anliegen bei ihm lebendig war, wie Feuer in seinem Herzen brannte. Für die Einheit der Kirche blutete sein Herz: Dafür betete und opferte er; und wen er traf, lud er ein, ebenfalls in diesem Anliegen zu beten und zu wirken.

Geistliche Ökumene

Als im Oktober 2013 in Erinnerung an den vor 30 Jahren heiliggesprochenen Kapuziner an dessen Grab in Padua ein Symposium stattfand, war auch Kardinal Walter Kasper dabei, lange Jahre Präsident des Päpstlichen Rates zur Förderung der Einheit der Christen. Wovon sprach der weit gereiste Kardinal, der mit den praktischen Problemen auf dem Weg zur Einheit vertraut ist? Von der geistlichen Ökumene! Sie habe Vorrang vor Konferenzen, Debatten und Papieren. Von P. Leopold sagte er: „Sein ökumenisches Forum waren nicht Kongresse zum Thema Ökumene; sein ökumenisches Forum war überraschend und doch vielsagend der Beichtstuhl. So lehrt uns der hl. Leopold, dass der ökumenische Weg ein Weg der Bekehrung und Buße ist."

Das Gespür für die Sünde

Ein solcher Weg der Buße setzt aber ein Gespür für die Sünde voraus. Das ist uns heute weithin abhanden gekommen. P. Leopold könnte uns helfen, es wieder zu gewinnen. Die meisten seiner Pönitenten wussten nichts von seiner Sehnsucht nach dem Orient. Sie sahen ihn nur Tag für Tag bereit, die Sünden und Sorgen der anderen anzuhören. Er tat dies bescheiden und ehrlich, in dem Bewusstsein, selbst ein Sünder zu sein. Er selber ging regelmäßig beichten und hatte seinen geistlichen Begleiter.

Das stundenlange Anhören von kleinen und schweren Sünden hat ihn nicht abgestumpft, taub gemacht für tiefer liegende Sehnsüchte. Wie Zeugen im Heiligsprechungsprozess aussagten, hat er sie nicht beschämt, sondern aufgerichtet. Mit wenigen Worten gab er den richtigen Rat. Er nahm jede und jeden ernst und bewahrte sich das heilsame Gespür für die Sünde – heilsam, weil damit das Gespür für Gott verbunden ist, der allein die Erlösung schenkt.

Dieses Gespür half P. Leopold, für die Beichtenden Verständnis zu haben. Einer erzählt, dass er viele schwere Sünden auf dem Gewissen hatte und sich schämte, sie zu bekennen. Um ihm Mut zu machen, habe der Kapuziner gesagt: „Wir beide hier sind Sünder. Gott soll sich unser beider erbarmen!" Die Art, wie er das sagte, habe ihn derart gerührt, dass er keine Angst mehr hatte, seine Sünden zu bekennen. Die Angst, über eigene Schwächen und Niederlagen zu reden, ist in dem Moment gewichen, als er sich dessen bewusst geworden ist, dass auch der, dem er die Sünden beichtet, ein schwacher Mensch ist.

Nur selten verweigerte P. Leopold die Lossprechung, er wollte lieber barmherzig als streng sein. Wenn Mitbrüder ihm eine übertriebene Güte vorwarfen, pflegte er zu sagen: „Würde mich der Gekreuzigte wegen meiner zu großen Barmherzigkeit rügen, würde ich ihm antworten: Dieses Beispiel hast du mir selbst gegeben, Herr. Ich bin noch nicht so verrückt geworden, dass ich für die Seelen sterbe!"

Durch eine solche Haltung half er den Beichtenden, die Beichte als eine Begegnung mit dem guten und barmherzigen Vater zu erleben. Denn das ist im Wesen das Sakrament der Versöhnung: eine Begegnung mit dem barmherzigen und gütigen Vater (vgl. Lk 15,17-24).

Für heute: *Denn auch der Mensch voll Trotz muss dich preisen und der Rest der Völker dich feiern.* (Ps 76,11)

Leonhard Lehmann[29]

Heilende Seelsorge: Pater Pio

Bis vor hundert Jahren kannte kaum jemand San Giovanni Rotondo, das kleine Dorf im Gargano-Gebirge in Süd-italien. Nur ein Mauleselpfad führte dorthin. Heute ist die Abfahrt zu dem Dorf schon in Foggia angezeigt. Auf breiter Straße bringen Reisebusse Pilger in die Hotels, die in den letzten 40 Jahren wie Pilze aus dem Boden schossen. Ein Flughafen ist geplant. Neben der neuen imposanten Kirche in San Giovanni Rotondo gibt es dort seit 1956 auch das „Haus zur Erleichterung des Leidens" (Casa sollievo della sofferenza), eines der modernsten Krankenhäuser in ganz Europa.

All dies ist einem Mann zu verdanken, der am 25. Mai 1887 in Pietrelcina geboren wurde und mit kurzen Unterbrech-ungen von 1916 bis zu seinem Tod am 23. September 1968 sich in San Giovanni Rotondo aufhielt. Über Apulien kam er nie hinaus. Sein Vater hingegen war in die USA ausgewan-dert, um für seinen Sohn das Geld zum Studium zu verdie-nen. Dieser schaffte knapp das Philosophie- und Theologie-studium, sodass er am 10. August 1910 im Dom zu Bene-vento zum Priester geweiht werden konnte. Seit 1903 war er Kapuziner und hieß nach der Priesterweihe nur noch „Pater Pio". Als solcher wurde er weltbekannt, obwohl er kränklich war, keine Bücher schrieb, keine Filme drehte, keine Presse-konferenz gab, keine Karriere machte.

Die ersten Jahre verbrachte er im Konvent St. Anna in Foggia. 1916 wurde er nach San Giovanni Rotondo versetzt, wo die Bergluft ihm guttat. Wie bei den Kapuzinern damals üblich, führte er ein strenges Leben in Fasten und Gebet. Trotz seiner Kränklichkeit erhob er sich, um mit den Brüdern das Mitternachtsgebet im Chor zu verrichten. Von Anfang an führte er eine reiche Korrespondenz mit Bekannten, Verwandten und seinem geistlichen Begleiter; der Kreis weitete sich immer mehr aus, je bekannter er wurde dank besonderer Gnadengaben: Herzenserkenntnis, prophetische Vorhersagen, heilende Kräfte in seinen Worten und Händen und vor allem seine Wundmale, die sich am 20. September 1918 bemerkbar machten, bis zum Tod sichtbar blieben und häufig bluteten.

Etwas Mysteriöses umgab diesen sonst unauffälligen Bruder in seinem immer gleichen braunen Ordenshabit: Leute vernahmen Rosenduft, wenn sie an ihn dachten, andere weit weg von San Giovanni Rotondo sahen ihn direkt vor sich, andere hörten seine Stimme. Diese Phänomene zogen nicht nur viele Menschen an, sondern riefen auch das Heilige Offizium auf den Plan: Es untersagte ihm 1922/23, öffentlich die heilige Messe zu feiern und Briefe zu beantworten, 1931–33 durfte er auch keine Beichte mehr hören, was bis dahin die Hälfte seiner Tagesarbeit ausmachte. Ähnliche Einschränkungen wiederholten sich von 1960 bis 1964, aber dann wurden ihm alle Vollmachten wieder zurückgegeben.

P. Pio fügte sich den Weisungen aus Rom, litt darunter, vereinte sich aber in diesem unschuldigen Leiden mit dem seines unschuldigen Herrn Jesus Christus. In dieser Zeit entstanden bis hinein in den Orden Parteiungen für und gegen P. Pio. Journalisten, Politiker und Schauspieler nahmen sich des Falles an und machten P. Pio noch bekannter. Als dieser wieder in alle Ämter eingesetzt war, kamen viele von ihnen nach San Giovanni Rotondo, redeten mit ihm, drehten Filme, berichteten in Zeitungen; einige bekehrten sich regelrecht und beichteten bei ihm.

Als dann in den 1990er-Jahren der Seligsprechungsprozess alle Zweifel beseitigte und Papst Johannes Paul II. den süditalienischen Kapuziner am 2. Mai 1999 seligsprach, feierte Italien dies wie einen Sieg des Guten: Der Petersplatz fasste die Menge nicht, die Feierlichkeiten wurden per Bildschirm auf andere Plätze Roms übertragen und per Eurovision in viele Länder ausgestrahlt. An jedem Kiosk gab es Sonderausgaben von Zeitungen, Bilder und Aufkleber von dem neuen Seligen. Dasselbe wiederholte sich am 16. Juni 2002, als derselbe Papst den zur Zeit bekanntesten Kapuziner ins Buch der Heiligen aufnahm und somit seine Bedeutung für die ganze Weltkirche unterstrich.

Zwischen diesen Daten entstanden mehrere Filme, die in den Kinos Italiens liefen. Der Höhepunkt dürfte ein Pater-Pio-Film zu Beginn der Karwoche 2000 gewesen sein, der im italienischen Fernsehen alle Rekorde von Zuschauerzahlen schlug. Es wirkten bekannte Schauspielerinnen und Schauspieler mit, die sich nicht schämten zu bekennen, wie sehr P. Pio ihr Leben verändert hatte. Sein Grab in San Giovanni Rotondo wird gerade von solchen aufgesucht, die lange Zeit wenig von Gott reden hören wollten und schon gar nichts von der Kirche. Und wenn seit 45 Jahren monatlich „Die Stimme Padre Pios" in Italienisch, Spanisch, Französisch, Englisch und Deutsch erscheint, ist auch dies ein Zeichen dafür, dass der Mann aus Pietrelcina die Welt erobert hat.

Verbunden mit Gott, ganz da für den Menschen

Obwohl zu P. Pio schon über hundert Biografien erschienen sind, kann doch keine ganz erklären, worin das Geheimnis dieses Mannes bestand. Die meisten sehen es zu Recht in der geglückten Verbindung von Mönch und Welt. Sie stellen P. Pio in die lange Tradition des Mönchtums, das Ost- und Westkirche verbindet, und sehen in ihm einen idealen Vertreter der lebenslangen Gottsuche, des innigen Gebetes, der Askese und der Mystik. Im Unterschied zu Eremiten in abgelegenen Klöstern hat er sich aber in franziskanischer Tradition bewusst der Welt zugewandt und war die meiste Zeit von Menschen umgeben.

Treffpunkt von Mönch und Welt war der Beichtstuhl in der kleinen Kirche „Maria der Gnaden" in San Giovanni Rotondo. Hier saß P. Pio nach der heiligen Messe frühmorgens stundenlang und hörte sich die Sünden und Sorgen der Menschen an. Er brauchte nicht in die Städte und Dörfer zu gehen, um zu predigen; die Menschen kamen von sich aus zu ihm, zuerst aus der Umgebung, dann aus ganz Italien und schließlich auch aus dem Ausland. Die Welt drang auf ihn ein, vor allem das, was Menschen belastet. Sie sagten es ihm ins Ohr oder schrieben ihm Briefe. Seine Antworten, soweit sie noch auffindbar waren, füllen vier dicke Bände. Sie offenbaren keine Wunder, keine besonderen Erkenntnisse, sondern nur eine tiefe Menschenkenntnis und ein großes Gottvertrauen: Mit wenigen Worten klärt P. Pio Probleme, löst Zweifel, nimmt die Angst, tröstet, richtet auf; allen verspricht er sein Gebet und bittet auch die Adressaten, für ihn zu beten.

Der Schlüssel für sein Geheimnis ist das Gebet, das heißt der Glaube an die Allgegenwart und Allmacht Gottes, der wie ein liebender Vater für seine Kinder sorgt. P. Pio vermochte das Vertrauen in Gott zu erneuern und damit neuen Lebensmut zu schenken. Allerdings schickte er auch einige aus dem Beichtstuhl ohne Lossprechung fort, entweder weil er durchschaute, dass sie bloß aus Neugier gekommen waren, oder weil sie keine Reue über ihre Sünden zeigten. Fast alle kamen wieder, und der Pater erkannte sie sofort. Er hatte die Gabe der Unterscheidung: Oft genügte ein Blick, ein Wort, und der andere fühlte sich durchschaut, verstanden. Auf sozialer Ebene machte er allerdings keine Unterschiede: Der Arzt oder die Prinzessin musste in der Schlange vor dem Beichtstuhl genauso warten wie der Bauer oder die arme Witwe. Im Umgang war er direkt, geradeheraus, ohne Floskeln, manchmal karg wie der Boden seiner Heimat.

Weil P. Pio so innig mit Gott verbunden war, konnte er den Menschen so viel geben. Er war der Kanal der Liebe Gottes und umgekehrt der Fürsprecher für die Menschen. Weil er wusste, dass man die Menschen nicht wirklich lieben kann, wenn man Gott nicht liebt, gründete er zwei Werke gleichzeitig: das erwähnte Haus zur Erleichterung des Leidens und die Gebetsgruppen. Das erste nannte er so, weil er erlebte, dass man viele Leiden nicht beheben, sondern nur lindern und erleichtern kann, das zweite sollte das erste stützen; die Gebetsgruppen sollten für die Kranken und ihre Pfleger beten.

Während in unseren Krankenhäusern durch die Apparatetechnik und Bürokratie oft eine kalte Atmosphäre herrscht, geht es in der Casa del Sollievo etwas menschlicher zu. Leib-Seele-Geist werden als Einheit begriffen. Es geschieht heilende Seelsorge, während man sich fachmännisch um die Gesundung des Leibes müht. Das persönliche Gebet wie das Gebet miteinander und füreinander spielt da eine große Rolle. So stützen die im ganzen Land verteilten Gebetsgruppen die Kranken und ihre Ärzte, und diese wissen sich getragen von der Fürbitte der anderen. Es entsteht eine große Gemeinschaft von Gesunden und Kranken, von Ärzten und ihren Helfern. Die Solidarität geht so weit, dass mancher in Lampedusa gestrandete Flüchtling aus Afrika in San Giovanni Rotondo kostenlos gepflegt wird.

Der Kapuziner aus Pietrelcina war weitblickend: Von einem unbekannten Winkel der Erde aus hat er ein Werk der Barmherzigkeit in Gang gesetzt, das Kreise zieht. Er selbst war und ist ein kleines Licht, das der Herr auf den Leuchter gestellt hat, damit es allen im Haus leuchte (vgl. Mt 5,15).

Für heute: *Herr, was ist der Mensch, dass du dich um ihn kümmerst, des Menschen Kind, dass du es beachtest?* (Ps 144,3)

Leonhard Lehmann[30]

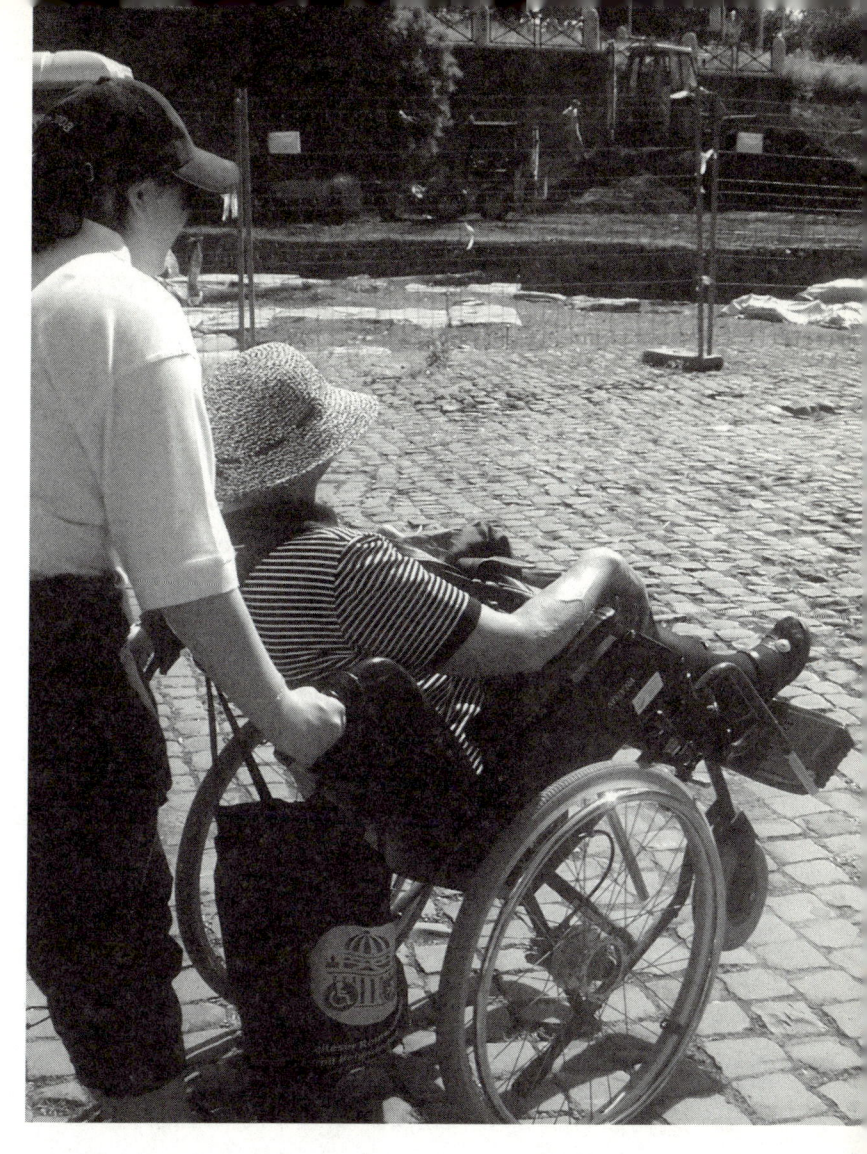

Werke der
Barmherzigkeit

29. Tag · Montag in der 5. Fastenwoche

Was ihr dem Geringsten getan habt ...

Christen glauben, dass sie in den notleidenden Brüdern und Schwestern Jesus begegnen können. Christliche Humanität ist mehr als Mitleid und Gefühl. Sie gründet in der Identifikation Jesu mit den Armen, Kranken, Hungernden und Nackten. „Was ihr dem Geringsten getan habt, das habt ihr mir getan." Man kann von einem achten Sakrament der Christusbegegnung sprechen. Der Einsetzungsbericht für dieses achte Sakrament findet sich in Matthäus, Kapitel 25, der großen Gerichtsszene. Sie ist für die Caritas oder für alle Nächstenliebe auf der Welt wichtig.

[31]„Wenn der Menschensohn in seiner Herrlichkeit kommt und alle Engel mit ihm, dann wird er sich auf den Thron seiner Herrlichkeit setzen. [32]Und alle Völker werden vor ihm zusammengerufen werden und er wird sie voneinander scheiden, wie der Hirt die Schafe von den Böcken scheidet. [33]Er wird die Schafe zu seiner Rechten versammeln, die Böcke aber zur Linken. [34]Dann wird der König denen auf der rechten Seite sagen: Kommt her, die ihr von meinem Vater gesegnet seid, nehmt das Reich in Besitz, das seit der Erschaffung der Welt für euch bestimmt ist. [35]Denn ich war hungrig und ihr habt mir zu essen gegeben; ich war durstig und ihr habt mir zu trinken gegeben; ich war fremd und obdachlos und ihr habt mich aufgenommen; [36]ich war nackt und ihr habt mir Kleidung gegeben; ich war krank und ihr habt mich besucht; ich war im Gefängnis und ihr seid zu mir gekommen. [37]Dann werden ihm die Gerechten antworten: Herr, wann haben wir dich hungrig

gesehen und dir zu essen gegeben, oder durstig und dir zu trinken gegeben? [38]*Und wann haben wir dich fremd und obdachlos gesehen und aufgenommen, oder nackt und dir Kleidung gegeben?* [39]*Und wann haben wir dich krank oder im Gefängnis gesehen und sind zu dir gekommen?* [40]*Darauf wird der König ihnen antworten: Amen, ich sage euch:* **Was ihr für einen meiner geringsten Brüder getan habt, das habt ihr mir getan.** [41]*Dann wird er sich auch an die auf der linken Seite wenden und zu ihnen sagen: Weg von mir, ihr Verfluchten, in das ewige Feuer, das für den Teufel und seine Engel bestimmt ist!* [42]*Denn ich war hungrig und ihr habt mir nichts zu essen gegeben; ich war durstig und ihr habt mir nichts zu trinken gegeben;* [43]*ich war fremd und obdachlos und ihr habt mich nicht aufgenommen; ich war nackt und ihr habt mir keine Kleidung gegeben; ich war krank und im Gefängnis und ihr habt mich nicht besucht.* [44]*Dann werden auch sie antworten: Herr, wann haben wir dich hungrig oder durstig oder obdachlos oder nackt oder krank oder im Gefängnis gesehen und haben dir nicht geholfen?* [45]*Darauf wird er ihnen antworten:* **Amen, ich sage euch: Was ihr für einen dieser Geringsten nicht getan habt, das habt ihr auch mir nicht getan.** [46]*Und sie werden weggehen und die ewige Strafe erhalten, die Gerechten aber das ewige Leben.* (Mt 25,31-46)

Nicht nur, was wir tun, sondern auch das, was wir nicht tun, entscheidet über die Ewigkeit. Überall ist Ort der Christusbegegnung. Deutlicher kann man die Identifikation Christi mit den „Geringsten" nicht ausdrücken: „Was ihr den Geringsten tut, das habt ihr mir getan!" Aber wir handeln nicht gut, um den „Himmel zu verdienen". Der Arme ist nicht nur Hilfsobjekt unserer Errettung. Er ist das Ziel unserer Wohltaten. Die Gerechten im Evangelium sind sich ihrer guten Taten gar nicht bewusst. Sie fragen Jesus: „*Herr, wann haben wir dich hungrig gesehen und dir zu essen gegeben, oder durstig und dir zu trinken gegeben? Und wann haben wir dich fremd und obdachlos gesehen und aufgenommen, oder nackt und dir Kleidung gegeben? Und wann haben wir dich krank oder im Gefängnis gesehen und sind zu dir gekommen? Darauf wird der König ihnen antworten: Amen, ich sage euch: Was ihr für einen meiner geringsten Brüder getan habt, das habt ihr mir getan.* (Mt 25,37-40)

Für heute: *Wohl dem, der sich des Schwachen annimmt; zur Zeit des Unheils wird der Herr ihn retten.* (Ps 41,2)

30. Tag · Dienstag in der 5. Fastenwoche

Der barmherzige Samariter

Und wer ist mein Nächster? Der Nächste ist nahe – er ist ganz bei mir, so nahe, dass ich manchmal seine Gegenwart gar nicht mehr bemerke, weil ich so an ihn gewöhnt bin. Er ist Teil meines täglichen Lebens. Er läuft mir jeden Tag über den Weg. Aber ob er ganz nahe oder weit weg ist – der Nächste ist vor allem der, der mich am meisten braucht, vor allem anderen, vor allem Übrigen. Er braucht meine Hilfe, mein Zuhören, meinen Blick. Er braucht dringend, dass ich ihn aufrichte und liebe.

Der mich braucht, ist immer mein Nächster. Er gehört zur gleichen menschlichen Familie wie ich. Er gehört zur gleichen Familie Gottes wie ich. Jeder Mensch ohne Unterschied ist mein Nächster. Gott ist unser Vater und wir alle sind dann Geschwister, ob weiß oder schwarz, rot oder braun. Ist das nicht wunderbar, so unterschiedliche Geschwister zu haben? Jeder Christ sollte universal denken, auch wenn er in einem kleinen, abgelegenen Dorf wohnt. Woher ich das weiß?

[29]Der Gesetzeslehrer wollte seine Frage rechtfertigen und sagte zu Jesus: Und wer ist mein Nächster? [30]Darauf antwortete ihm Jesus: Ein Mann ging von Jerusalem nach Jericho hinab und wurde von Räubern überfallen. Sie plünderten ihn aus und schlugen ihn nieder; dann gingen sie weg und ließen ihn halb tot liegen. [31]Zufällig kam ein Priester denselben Weg herab; er sah ihn und ging weiter. [32]Auch ein Levit kam zu der Stelle; er sah ihn und ging weiter. [33]Dann kam ein Mann aus Samarien, der auf der Reise war. Als er ihn sah, hatte er Mitleid, [34]ging zu ihm hin, goss Öl und Wein auf seine Wunden und verband sie. Dann hob er ihn auf sein Reittier,

brachte ihn zu einer Herberge und sorgte für ihn. [35]Am andern Morgen holte er zwei Denare hervor, gab sie dem Wirt und sagte: Sorge für ihn, und wenn du mehr für ihn brauchst, werde ich es dir bezahlen, wenn ich wiederkomme. [36]Was meinst du: Wer von diesen dreien hat sich als der Nächste dessen erwiesen, der von den Räubern überfallen wurde? [37]Der Gesetzeslehrer antwortete: Der, der barmherzig an ihm gehandelt hat. Da sagte Jesus zu ihm: Dann geh und handle genauso! (Lk 10,29-37)

Jeden Tag treffe ich ihn, den Nächsten, an dem ich barmherzig handeln soll. Das war und ist Jesu Antwort auf die Frage: Wer ist mein Nächster? „Dann geh und handle genauso." Der Priester und Levit gehen vorbei; der Fremde aber holt die Hausmittel Öl und Wein und pflegt die Wunden des „unter die Räuber Gefallenen". Der Samariter ist eigentlich Jesus selbst. Er hebt den Zerschlagenen auf sein Reittier. Er hat keine Angst, dass er seinen Sattel schmutzig macht. Er bringt ihn zur Herberge. Er gibt dem Wirt Geld für seine Pflege. Er will sogar den Rest bezahlen, wenn er wiederkommt. Das ist Nächstenliebe pur.

Sie gibt es noch heute. Man findet sie an allen Orten, wo Menschen um Hilfe rufen. Sie hören und überhören nicht. Sie packen an. Sie suchen nach Wegen, sie helfen tragen, nicht für Geld. Freiwillig, ehrenamtlich, nachbarschaftlich ... Diese Samariter messen nicht ihre Zeit und rechnen nicht. Und sie treffen keine Auswahl. Sie gehen auf alle zu, ohne Unterschied, denn für sie sind alle einfach Menschen, die um Hilfe schreien. Ohne zu zögern und ohne zu zählen, helfen sie! So viel und so gut sie es können. Eigentlich müssten alle Christen barmherzige Samariter sein.

Für heute: *Wohl dem Mann, der gütig und zum Helfen bereit ist, der das Seine ordnet, wie es recht ist.* (Ps 112,5)

31. Tag · Mittwoch in der 5. Fastenwoche

Die sieben Werke der Barmherzigkeit

Barmherzige Samariter geben denen Hoffnung, die am Boden liegen, weil sie bei ihnen stehen bleiben. Sie reden für die, die man mundtot gemacht hat. Sie bauen mit am Reich Gottes nach den Plänen, die sie in der Bibel erforschen. Sie geben denen neue Hoffnung, die erleben, dass man nach dem Tod ganz schnell in unserer schnelllebigen Zeit vergessen ist. Sie sind Freunde derer, die man verlacht. Sie sind Brüder und Schwestern und schauen nach denen, die unter die Räuber gefallen sind.

Die sieben Werke der Barmherzigkeit sind beispielhafte Handlungen, in denen sich die Liebe zum Nächsten zeigt. Die Reihenfolge ihrer Aufzählung folgt der Gerichtsrede Jesu im 25. Kapitel des Matthäusevangeliums (siehe Seite 102 – Montag in der 5. Fastenwoche).

Die sieben leiblichen Werke der Barmherzigkeit
1. Die Hungrigen speisen.
2. Den Dürstenden zu trinken geben.
3. Die Fremden aufnehmen.
4. Die Nackten bekleiden.
5. Die Kranken besuchen.
6. Die Gefangenen besuchen.
7. Die Toten begraben.

Die sieben geistigen Werke der Barmherzigkeit
1. Die Unwissenden lehren.
2. Den Zweifelnden recht raten.
3. Die Betrübten trösten.
4. Die Sünder zurechtweisen.
5. Die Lästigen geduldig ertragen.
6. Denen, die uns beleidigen, gerne verzeihen.
7. Für die Lebenden und für die Toten beten.

In Jesu Rede vom Weltgericht werden als Erben des Reiches Gottes jene genannt, die die Hungrigen gespeist, die Durstigen getränkt, die Fremden beherbergt, die Nackten gekleidet, die Kranken gepflegt und die Gefangenen besucht haben. Die dort aufgezählten sechs Werke der Barmherzigkeit werden später um ein siebtes erweitert: die Toten begraben.

Weit verbreitet wurde das Meditationsbild von Klaus von der Flüeli. Das Bild soll 1487 von einem Pilger gemalt worden sein. Der Pilger, der die Ranft besuchte, soll von Bruder Klaus die Erklärung dieses Bildes erhalten haben. Schon damals kannte man sieben Werke der Barmherzigkeit. Schon damals hatte man zu den sechs Werken der Barmherzigkeit hinzugefügt: Tote begraben.

Das Meditationsbild zeigt in der Mitte Christus mit goldener Krone. Er ist der König, der die Macht hat, uns zu retten. Von ihm gehen drei Speichen des Rades aus – außen breit und innen spitz. Alle Gnade und Kraft geht von Christus aus. Wer geliebt von der dreifaltigen Liebe ist, der ist auch fähig, den Armen und Geringsten seine Liebe zu schenken. Drei Speichen sind außen spitz und führen breit nach innen. Durch unsere Worte und auch Taten sollen wir Gott verherrlichen. Dann gelingen die Werke der Barmherzigkeit: Alles, was atmet, lobe den Herrn!

Für heute: *Seine Barmherzigkeit ist groß, er wird mir viele Sünden verzeihen. Denn Erbarmen ist bei ihm.* (Sir 5,6; Dan 4,24)

32. Tag · Donnerstag in der 5. Fastenwoche

Ich war fremd, und ihr habt mich beherbergt

Es hatte schon zur Spielpause unserer Grundschule geklingelt, als sie sich mir an der Schultür entgegenstellte. „Das ist aber kalt hier", stellte sie fest, frierend und hustend in ihrem viel zu dünnen Anorak. Mit ihren großen Augen – pechschwarz wie ihre langen Haare – schaute sie mich unglücklich an. Ich lud sie ein, mit mir über den Schulhof zu gehen und die Pausenaufsicht zu machen. Als sie immer noch über ihre eiskalten Hände jammerte, nahm ich ihre linke Hand und steckte unsere Hände zusammen in meine warme Manteltasche.

Dann erzählte mir die neunjährige Bianca ihre unglaubliche Lebensgeschichte: Als ihre Mutter mit ihr ungewollt schwanger wurde, warf ihr Vater sie aus dem Haus. Wegen der schwierigen Arbeitszeiten als Krankenschwester, nun ganz auf sich allein gestellt, arbeitete die Mutter nach Biancas Geburt fast nur noch nachts in verschiedenen Berufen, wurde alkoholkrank wie ihr Partner, der die junge Mutter gewaltsam im Beisein des kleinen Mädchens tötete. Das Kind hatte alles mitbekommen und konnte den Tathergang genauestens beschreiben.

Die ledige Patentante und Freundin der Mutter nahm sich des Mädchens an. Als die Tante dann selber heiratete und eigene Töchter bekam, fühlte sich Bianca beiseitegeschoben, wurde eifersüchtig auf die neuen Geschwister und belastete die ganze Familie, die sie schließlich in unser örtliches Kinderheim gab, wo sie nun ihre erste Nacht verbracht hatte.

Schon nach der großen Pause war ich mir sicher, dass Bianca in unserer Familie „landen" würde. Unsere Familie, das sind mein Mann, unser damals 21-jähriger Sohn, unsere 19-jährige Tochter, beide Studenten und nur noch zeitweise zuhause, und unser 7-jähriger jüngster Sohn. Tief bewegt vom Schicksal des kleinen Mädchens, kreisten unsere Gespräche in der Familie in der nächsten Zeit nur noch um das eine Thema: Können wir berufstätigen Eltern es schaffen, ein schwer traumatisiertes Kind in unsere Familie aufzunehmen, dem fremden Kind und unseren eigenen Kindern noch gerecht werden, das Neue uns zumuten? Bei unseren heimlichen Beobachtungen waren wir alle angetan von Biancas Natürlichkeit, Spontaneität und Fröhlichkeit. Nach intensiven Gesprächen mit dem Jugendamt und der Teilnahme an einem Pflegeelternseminar wagten wir – fast ein Jahr nach der ersten Begegnung – das große Abenteuer.

Am Nachmittag des Martinstages lernte sie uns in unserem und bald auch ihrem Zuhause kennen. Als die Glocken in der Dämmerung zum Martinszug der Gemeinde läuteten, zogen wir mit beiden Kindern und ihren Laternen mit. Überglücklich und stolz ging sie zwischen meinem Mann und mir an der Hand als unsere neue „Tochter" und mit ihrem jüngeren „Bruder" laut singend den Weg. Wir neuen „Eltern" waren auch sehr bewegt und zutiefst überzeugt, verantwortungsvoll die richtige Entscheidung getroffen zu haben. Dass sie selbst 8 Jahre später auf ihrem eigenen Pferd als St. Martin glücklich durch unsere Gemeinde reiten würde, gehört zu den erfüllten Höhepunkten ihres und unseres viel zu kurzen gemeinsamen Lebens.

Bianca war dankbar für ihren Platz in unserer Familie, war Herausforderung und Bereicherung zugleich. Viele persönliche und schulische Defizite konnten durch die kontinuierliche Betreuung ausgeglichen werden. Sie war unglücklich, wenn sie uns zu sehr belastet oder enttäuscht hatte. In der Sicherheit, wieder eine „Mama" gefunden zu haben, begann sie fast jeden Satz mit: „Mama, …!" Sie war künstlerisch und sportlich hoch begabt. In ihrer großen Tierliebe spürte sie verletzte Tiere auf und pflegte sie verantwortungsbewusst. Nach ihrem Realschulabschluss wollte sie Heimerzieherin werden und dann später noch studieren, so waren ihre Pläne.

„Mama, wo ist Gott für mich? Warum gerade ich?" So lauteten ihre Fragen nach der Diagnose „Leukämie". Wir wussten auch keine Antwort! Zunächst schien die Medizin alles im Griff zu haben. Der große Tumor zwischen Herz und Lunge, der ihr die Kraft raubte und sie immer husten ließ, war durch Bestrahlungen und Chemotherapien fast verschwunden.

Bianca kämpfte so tapfer und schien alle Rückschläge voller Hoffnung wegzustecken. Sie genoss dankbar die besondere Zuwendung der Familie und großen Verwandtschaft, ihrer Freundinnen und Freunde während ihrer Krankheit. Der Abschied von ihrem Hund und ihrem geliebten Pferd ging fast über ihre Kräfte. In dieser Zeit des Loslassens und im Schwinden ihrer Kräfte war sie noch bemüht, uns Eltern und Geschwistern Freude zu bereiten und uns zu trösten. Zu Weihnachten brachten wir ihr die Krankenkommunion auf die Intensivstation. „Du fällst nicht tiefer als in Gottes Hände", konnte ich ihr noch sagen, bevor sie an die Beatmungsmaschine angeschlossen wurde. „Ich weiß, Mama", waren ihre letzten Worte.

Als die ersten Silvesterraketen in den Abendhimmel aufstiegen, war ihr so bewegtes irdisches Leben nach 19 Jahren beendet. Am kältesten Morgen des gesamten Winters, in Eis und Schnee, hat eine sehr große Trauergemeinde ihr und uns die Ehre gegeben und sie auf ihrem letzten Weg begleitet.

Wenn ich heute nach fast 17 Jahren zu Sankt Martin Biancas Grab pflege und mit Kerzen und Blumen schmücke, frage ich mich inzwischen nicht mehr nach dem „Warum". Heute kann ich erkennen, dass es einfach unsere Aufgabe in einem begrenzten Zeitraum war, ihr in unserer Familie einen Platz zu geben und sie durch die schlimme Zeit der Krankheit bis in den Tod liebevoll und sorgend zu begleiten. Wir alle sind durch die Zeit mit Bianca ungewöhnlich belastet, aber noch ungleich mehr bereichert, verändert und beschenkt worden. Übrigens starb Biancas Hund bald nach ihr an Krebs und ihr geliebtes Pferd musste ein halbes Jahr später wegen Krankheit eingeschläfert werden.

Für heute: Des Menschen Herz plant seinen Weg, doch der Herr lenkt seinen Schritt. (Spr 16,9)

Renate Ostrop

33. Tag · Freitag in der 5. Fastenwoche

Ich war krank, und ihr habt mich besucht

Als ich im Herbst 2001 wegen Krankheit vorzeitig mit fast 62 Jahren aus dem Schuldienst ging, fiel es mir schwer, mein Leben ohne Schule zu denken und sie zu lassen – trotz Großfamilie mit Kindern und Enkelkindern. Zu gern war ich 35 Jahre lang Lehrerin gewesen mit allen Höhen und Tiefen. Was anfangen mit meiner nun frei verfügbaren Zeit? Was wollte und konnte ich noch gut und gerne zu meinen Hobbys weiter ehrenamtlich tun?

Entgegen kam mir die begeisterte Beschreibung einer Bekannten vom Krankenbesuchsdienst unserer Kirchengemeinde im hiesigen Krankenhaus. Diese kleine Damengruppe suchte dringend Verstärkung. Ganz spontan sagte ich zu – und habe es nie bereut.

Einmal im Monat hole ich mir nun die Liste der katholischen Patienten an der Krankenhauspforte ab, suche und schreibe die Kranken aus unserer Pfarrei heraus und stehe mit sterilen Händen klopfend an der Tür zum Patienten. Wen werde ich dahinter mit welcher Krankheit erleben? Wird er oder sie erfreut sein über meinen Besuch im Namen der Kirchengemeinde? Werde ich die richtigen Worte im Gespräch finden und einfühlsam dem Kranken begegnen können? Werden sie mein „Mitbringsel", ein kleines Metallkreuz mit Corpus, das einem Kreuz am Papststab von Johannes Paul II. nachgebildet ist, überhaupt annehmen? Würden mich die Krankengeschichten selber zu stark belasten?

Ich lernte und lerne viel in dieser „Schule des Lebens". Einmal traf ich auf Heinz, Vater eines ehemaligen Schülers. Er saß völlig verstört auf seinem Bett und weinte fassungslos. Soeben hatte er erfahren, dass seine Kopfschmerzen von einem großen Gehirntumor verursacht waren und er schon in den nächsten Minuten per Krankenwagen in eine Spezialklinik gebracht werden sollte. Seine Frau konnte er noch nicht erreichen. Ich legte meinen Arm um seine Schultern, ließ ihn reden und weinen, bis er sich beruhigt hatte. Wir sprachen lange miteinander, da ich die Situation der Familie gut kannte. Dankbar und voller Zuversicht nahm er das kleine Kreuz und hielt sich daran fest, bis das Taxi kam. Als ich Heinz viele Wochen später wieder traf, strahlte er mich an, öffnete den obersten Kragenknopf und zeigte mir das Kreuz an einem Kettchen um seinen Hals.

Bei schönstem Sommerwetter freute ich mich einmal, dass ich nur einen Patienten auf meiner Liste hatte und ich die geplante Radtour doch noch fahren konnte. Fröhlich und etwas forsch begrüßte ich den einzigen Patienten in dem 3-Bett-Zimmer, der mich leise und traurig im gebrochenem Deutsch bat, mich bitte zu setzen.

Ein polnischer Ingenieur auf Montage war er, arbeitete in unserer Gegend täglich besonders lang, damit er am Monatsende für einige Tage nach Hause fahren konnte. Nun hatte er bei der Arbeit einen Herzinfarkt erlitten, mehrere Stents hatten ihm in einer schnellen Operation das Leben gerettet. Er war so dankbar für die gute medizinische Technik in Deutschland. Es schien alles gesagt zu sein, und bevor ich mich verabschieden wollte, bot ich ihm auch das Kreuz als Geschenk unserer Gemeinde an. Beim Anblick des Kreuzes seines hochverehrten Papstes brach es aus ihm heraus. Hemmungslos schluchzend erzählte er mir nun seine ganze Lebensgeschichte.

Fremd war er hier, hatte niemanden, der ihn besuchte. Seine Frau in Polen musste sowieso schon viel zu viel in der kinderreichen Familie arbeiten ohne die tägliche Unterstützung des Mannes und Vaters, der wegen des guten Verdienstes nicht zuhause arbeitete. All seine Existenzängste legte er offen und kam zum Schluss zu der Einsicht, in Zukunft doch weniger zu arbeiten und mehr bei seiner Familie sein zu wollen. Er küsste das Kreuz immer wieder und sagte unter Tränen beim Abschied nach fast 2 Stunden: „Nun weiß ich, dass ich wieder gesund werde!"

Vielleicht hat die Dichterin Elisabeth Bernet ihr Gedicht ja für alle Kranken geschrieben, die das barmherzige Wort „Ich war krank, und ihr habt mich besucht" erfahren haben und für ihre Situation keinen billigen Trostbesuch mit Schönreden wollen:

Schick mir keinen Engel
der alle Dunkelheit bannt
aber einen
der mir
ein Licht anzündet

Schick mir keinen Engel
der alle Antworten kennt
aber einen
der mit mir
die Fragen aushält

Schick mir keinen Engel
der allen Schmerz wegzaubert
aber einen
der mit mir
Leiden aushält

Schick mir keinen Engel
der mich über die Schwelle trägt
aber einen
der in dunkler Stunde
noch flüstert
Fürchte dich nicht.[31]

Für heute: *Denn das Gericht ist erbarmungslos gegen den, der kein Erbarmen gezeigt hat. Barmherzigkeit aber triumphiert über das Gericht.* (Jak 2,13)

Renate Ostrop

34. Tag · Samstag in der 5. Fastenwoche

Tote begraben

Im Mittelalter war es wichtig, die Toten mit Würde zu begraben. Es wurde sogar als das Werk der Barmherzigkeit den sechs anderen hinzugefügt.

Vor 40 Jahren kamen die verstorbenen Obdachlosen, die keine Angehörigen mehr hatten, in unserer Stadt in die Anatomie. Später erhielten sie ein Nummerngrab. Als wir dann einen Obdachlosen, der in einer kalten Novembernacht auf dem Domplatz erfroren war, begraben wollten, erfuhren wir von diesem Missstand. Heute kann jeder Obdachlose in unserer Stadt mit einer würdigen Beerdigung rechnen. Das Sozialamt der Stadt bezahlt den Grabstein und es gibt immer einen Pfarrer, welcher der Beerdigungsfeier vorsteht. Anschließend sind alle Trauergäste zum Treffpunkt eingeladen. Wir haben gelernt, was das Grab und ein eigener Grabstein für die Namenlosen von der Straße bedeutet. Im Treffpunkt der Obdachlosen hängt heute noch ein Lattenkreuz, auf den die „Kumpels" die Namen ihrer verstorbenen Freunde schreiben. Inzwischen ist auch die Rückseite des Kreuzes mit Namen von Verstorbenen ganz beschrieben. Wie oft hat ein Obdachloser mir den Namen seines Freundes auf dem Lattenkreuz gezeigt. Sie sind nicht vergessen. Wo heute viele sich anonym beerdigen lassen, wird das „Werk der Barmherzigkeit" wieder wichtig. Mit unseren verstorbenen Angehörigen müssen wir leben. *Erich Purk*

Menschen wollen heute für den vielleicht nicht sehr beliebten Verstorbenen und seine Bestattung nicht viel Geld ausgeben. Discount-Bestatter mit der Devise „Geiz ist geil" haben im vergangenen Jahr schon 20 % der Toten kostengünstig „entsorgt", Tendenz steigend. Da ist erst einmal nichts mit „ewiger Ruhe" für die Verstorbenen. Zum billigen Verbrennen werden die Verstorbenen mit Sammeltransporten per LKW nach Polen oder Tschechien gefahren. Das nimmt einige Zeit in Anspruch. Dann kann die Asche als Paket weitergeleitet werden in die Schweiz. Dort wird sie für € 50,– von einem Bauern auf seinen Wiesen verstreut. Was mag der Tierschutz, was sagen die Milch- und Käseproduzenten dazu? Wird es für sie zum Imageschaden? Was würde der Verstorbene dazu sagen? Ist das barmherzig?

Den Tod empfinden viele Menschen als „Spaßverderber". Er kommt unangemeldet daher und bringt das Leben durcheinander. Das Leben soll schwerelos, leicht und locker sein. Es soll alles so weitergehen wie bisher. Auf einen Ort für die Trauer verzichtet man.

In hohem Maße ist in den letzten Jahren bei uns die Zahl der psychischen Erkrankungen angestiegen. Psychologen vermuten hier einen eventuellen Zusammenhang. Der oft problemhafte Umgang miteinander in Familie und Gesellschaft und dann der lieblos entsorgte Tote in scheinbar einfach anonymen Gräbern zieht, oft erst nach Jahren, Schuldgefühle und seelische Krankheiten nach sich. Da heißt es dann bei einer langwierigen psychologischer Behandlung in Familienaufstellungen: „Bedenken Sie: Auch die Toten gehören zu Ihrer Familie, denn sie haben immer noch Einfluss auf Ihr Leben!"

Für heute: *Wenn Tote nicht auferweckt werden, dann lasst uns essen und trinken; denn morgen sind wir tot.* (1 Kor 15,32)

Renate Ostrop

*So sehr hat Gott
die Welt geliebt*

35. Tag · Montag in der Karwoche

Gott – der barmherzig Dreifaltige

Von Andreas Knapp stammt der Satz: „„Glauben Sie wirklich an Gott?', so wurde ich gefragt. ‚Ich lebe davon, dass Gott an mich glaubt'". Mein Gottesbild ist ganz entscheidend für meine Erwartungen an die Zukunft. Ist Gott für mich der strenge Richter oder ein barmherziger Vater?

Barmherzigkeit ist ein altertümliches Wort. Aber im Bild der Dreifaltigkeit wird uns die grenzenlose Liebe Gottes verkündet. Gott hat ein leidenschaftliches Interesse an jedem Menschen. Ich lebe davon, dass Gott an mich glaubt.

– **Gott ist der ganz Andere.** Nicht zu begreifen und mit Namen zu fassen. Das Geheimnis können wir nicht auflösen. Neben Gott gibt es keine anderen Götter.
– **Der Eine ist Herrscher.** Der Eine ist mächtig und allmächtig. Der Eine sitzt auf dem Thron und ihm gebührt Ehrfurcht. Die Ehrfurcht wird bei einigen zur Furcht und Angst vor dem strengen Richter auf dem Thron.
– **Der Dreifaltige aber ist barmherzig.** Er ist Liebe. Und Liebe will sich immer mitteilen. An diesem Austausch der Liebe zwischen Vater, Sohn und Geist will er sogar den Menschen teilnehmen lassen. „Wenn nun Gott in sich selbst mitteilende Liebe ist, kann er sich nach außen auch als der mitteilen, der er schon je ist ... Nur wenn Gott in sich selbst Liebe ist, ist seine Selbstwerdung unableitbares, freies, ungeschuldetes Geschenk seiner Liebe."[32]

So sehr hat Gott ist Welt geliebt, dass er seinen einzigen Sohn sandte, um uns zu retten, schreibt der Evangelist Johannes: *Denn Gott hat die Welt so sehr geliebt, dass er seinen einzigen Sohn hingab, damit jeder, der an ihn glaubt, nicht zugrunde geht, sondern das ewige Leben hat. Denn Gott hat seinen Sohn nicht in die Welt gesandt, damit er die Welt richtet, sondern damit die Welt durch ihn gerettet wird.* (Joh 3,16-17) Retten, nicht richten ist der Beweggrund der Liebe. Der Sohn wird Mensch. Er ist die Ikone Gottes. Er zeigt sich uns. Und die Menschen tragen sein Ebenbild. *Das ist das ewige Leben: dich, den einzigen wahren Gott, zu erkennen und Jesus Christus, den du gesandt hast.* (Joh 17,3)

Und jetzt interessiert uns nicht mehr ein Gott an sich, die kalte stumme Himmelsmacht fern über den Wolken, sondern jetzt ist Gott ein Gott für uns - pro vobis. Er genügt sich nicht selbst. Er macht sich auf die Suche nach uns Menschen. „Gottes Leidenschaft ist der Mensch", sagt Augustinus.

Die ganze Heilige Schrift spricht nicht von einem Gott an sich. Das ist der Gott der Philosophen. Das Geheimnis der Dreifaltigkeit ist nicht zuerst ein theoretischer Begriff, kein Denkspiel und Preisrätsel für Theologen. Immer wird über Gott in der Beziehung zu uns Menschen gesprochen. Heilsgeschichte ist eine Beziehungsgeschichte: ein Gott, der einen Bund mit den Menschen schließt, der sich verletzbar macht in seiner Liebe.

Dreifaltigkeit meint zuerst: Gott hat sich auf die Suche nach uns Menschen gemacht; er kümmert sich um uns. Gottes Sohn ist das sichtbare Zeichen dafür, dass der Vater Interesse an uns Menschen hat. Der Heilige Geist bringt uns die Botschaft, dass Gott uns nicht im Stich lässt. Darum steht im

Römerbrief: *Durch Jesus Christus haben wir auch den Zugang zu der Gnade erhalten, in der wir stehen ...; denn die Liebe Gottes ist ausgegossen in unsere Herzen durch den Heiligen Geist, der uns gegeben ist.* (Röm 5,2.5)

Der Eine ist der Herrscher, der Dreifaltige ist der Barmherzige. Wie kann man es besser aussagen als im Bild des Vaters, der seinen Sohn sendet, um uns zu retten. Gott ist einer. Aber in seiner Liebe zeigt er sich dreifaltig. Und das hat Auswirkung auf unser Verhältnis zu Gott. Ich brauche keine Angst zu haben vor Gott. Ich brauche nicht zu kämpfen, um ins Paradies zu kommen. Er nimmt mich sogar in meinen Schwächen und Fehlern.

Ich suchte meinen Weg zu Dir.
Da gingst Du Deinen Weg zu mir.
Und gabst ihn mir als Weg zu Dir.

Für heute: *Der Herr, euer Gott, ist gnädig und barmherzig. Er wird sein Angesicht nicht von euch abwenden, wenn ihr zu ihm umkehrt.* (2 Chr 30,9)

nach Helga Rusche[33]

36. Tag · Dienstag in der Karwoche

Sag JA, wo alles Nein sagt

Jean Vanier ist Gründer der Arche-Bewegung, einer internationalen ökumenischen Organisation, welche Gemeinschaften gründet, in denen Menschen mit und ohne geistige Behinderung in christlicher Weise zusammenleben. In kleinen Wohngemeinschaften leben heute Behinderte in über 200 Häusern auf fünf Kontinenten zusammen.

Jean Vanier beschreibt seine wichtigste Erfahrung so: „Was ich bei den Behinderten erfahren habe, das war das, was zuerst kommt. Das ist der Schrei. Der Schrei: ‚Liebst du mich?‘ Ich denke, dieser Urschrei ist in jedem Menschen: ‚Liebst du mich?‘ Aber meistens haben wir Angst, so herauszuschreien. Denn vielleicht gehen alle an uns vorbei. Keiner beachtet uns. Deshalb müssen wir uns darauf vorbereiten, mächtig zu werden. Wir müssen unsere Fähigkeiten entfalten und reich an Kompetenz werden. Dann hängen wir von keinem ab.

Wir müssen glänzen. Es wird uns beigebracht, der Erste und der Beste zu sein. Dann haben wir Macht. Aber wir sind einsam. Wir sind leer. Und es wächst ein Bedürfnis in uns, diese Leere zu füllen. Wir versuchen, diese Leere mit allem zu füllen, was wir nur finden können: Nahrungsmittel, Sexualität oder Alkohol. Aber in uns bleibt der Urschrei. Es ist heute der Schrei der ganzen Menschheit: ‚Warum werde ich nicht geliebt?‘"[34]

Tief in uns wohnt die Sehnsucht, angenommen zu werden, nicht nur um einer Leistung willen, sondern auch anerkannt und angenommen mit unseren Schwächen, und dann muss ich nicht glänzen.

„Da ich ein Christ bin, habe ich dieses wunderbare Wort zum ersten Mal bei der Geschichte von der Taufe Jesu von Nazaret gehört: Kaum war Jesus aus dem Wasser aufgetaucht, da sah er, wie der Himmel aufgerissen wurde und der Geist wie eine Taube auf ihn herabkam. Und vom Himmel her rief eine Stimme: ‚Du bist mein geliebter Sohn; mein Wohlgefallen ruht auf dir.'

Gott sagt dies auch zu uns: ‚Du bist mein geliebter Sohn, meine geliebte Tochter!' Ja, es gibt diese Stimme, die Stimme der Liebe, die Stimme, die vom Himmel her und aus deinem Inneren zu dir spricht, einmal leise geflüstert, ein anderes Mal laut gerufen: ‚Du bist mein Geliebter, an dir habe ich Wohlgefallen.' Es ist gewiss nicht einfach, sie in einer Welt zu hören, die voller Stimmen ist, die schreien: ‚Du taugst zu nichts, du bist hässlich, du bist wertlos, bist unnütz, du bist niemand – oder beweise gefälligst das Gegenteil!'

Diese negativen Stimmen sind so laut und durchdringend, dass wir ihnen nur allzu schnell Gehör schenken. Wenn ich aber mit großer innerer Aufmerksamkeit höre, vernehme ich in meiner innersten Mitte Worte, die mir sagen: ‚Ich habe dich bei deinem Namen gerufen, von allem Anfang an. Du bist mein und ich bin dein. Du bist mein geliebter Sohn, an dir habe ich immer Wohlgefallen. Ich habe dich in den Tiefen der Erde geformt und dich im Schoß deiner Mutter gewoben. Ich habe dich in meine Hand geschrieben, habe dich im Schatten meiner Flügel geborgen. Ich blicke auf dich mit unendlicher Zärtlichkeit und sorge mich um dich mit einer Sorge, die noch viel tiefer geht als die Sorge einer

Mutter um ihr Kind. Ich habe jedes Haar deines Hauptes gezählt und jeden deiner Schritte geleitet. Wo immer du hingehst, gehe ich mit dir, und wo immer du ruhst, wache ich über dich. Ich will dir Nahrung geben, die all deinen Hunger sättigen wird, will dir einen Trank geben, der all deinen Durst stillen kann. Ich will mein Angesicht nicht vor dir verbergen. Du weißt, dass ich dir gehöre, und ich weiß, dass du mir gehörst. Du gehörst zu mir. Ich bin dein Vater, deine Mutter, dein Bruder, deine Schwester, dein Liebhaber und dein Gemahl. Ja, ich bin sogar dein Kind. Wo immer du sein wirst, will auch ich sein. Nichts wird uns jemals trennen können. Wir sind eins.'"[35]

„Sag Ja zu mir, wenn alles Nein sagt!" Gottes endgültiges Ja zu uns ist Jesus Christus. Kann man es literarisch kürzer und theologisch eindeutiger sagen als der Apostel Paulus: *Gottes Sohn, Jesus Christus, ist nicht als Ja und Nein zugleich gekommen; in ihm ist das Ja verwirklicht. Er ist das Ja zu allem, was Gott verheißen hat.* (2 Kor 1,19-20)
Gott sagt nicht Nein. Er sagt Ja zu uns. Christus ist sein unwiderrufliches Ja. Wo Menschen sagen: verloren, da sagt Jesus: gefunden. Wo Menschen sagen: gerichtet, da sagt er: gerettet. Wo Menschen sagen: Nein, da sagt Jesus: Ja.

Für heute: *„Du bist mein geliebter Sohn, meine geliebte Tochter."* (nach Mk 1,11)

Das Sakrament der Vergebung

Das Wörterbuch der deutschen Sprache ist eine Sammlung von etwa 300.000 Wörtern. Und man sagt, es kommen jährlich 2.000 neue hinzu. Eine Inflation von Wörtern? Welches Wort hat unter so vielen Wörtern schon Bedeutung?

Worte können heilen, Worte können verletzen. Worte können aufbauen, Worte können niederreißen. Worte können befreien, Worte können alles zerstören. Das verzeihende Wort aber kann ich mir nicht selber zusprechen. Haben Sie schon einmal erlebt, dass einer nach Jahren endlich zu Ihnen sagt: „Ich verzeihe dir! Fangen wir neu an!"

Deine Sünden sind dir vergeben. (Mk 2,5) Mit Vollmacht und Überzeugung sprach Jesus dieses Wort aus. Für diesen Anspruch ist er später gekreuzigt worden. Denn wer kann Sünden vergeben außer dem einen Gott? Diese Vollmacht überträgt Jesus zu Ostern und später am Pfingstfest ausdrücklich seinen Aposteln. Welch ein Geschenk an uns sündige Menschen, dass es einen Ort und Beauftragte gibt, die in Gottes Namen sprechen dürfen: „Ich spreche dich los von deinen Sünden." Was haben Menschen alles getan, um einen „gnädigen Gott" zu finden. Wie viele Schlachtopfer hat man gebraucht, um Gott zu versöhnen. Jesus aber belehrt seine Jünger: *Darum lernt, was es heißt: Barmherzigkeit will ich, nicht Opfer. Denn ich bin gekommen, um die Sünder zu rufen, nicht die Gerechten.* (Mt 9,13)

Ein Mann hat mir geholfen, dass ich dieses Wort als Priester nie mehr gedankenlos ausspreche: In unserem Kloster laden wir ein zu seelsorglichen Gesprächen. Ein evangelischer Mann hatte sich angemeldet. Er war mit dem Gesetz in Konflikt geraten. Er war vom Gericht verurteilt worden. Er hatte die Strafe abgebüßt. In seiner Gemeinde war er wieder aufgenommen worden. Aber innerlich drückte die Schuld auf sein Gewissen. Er war auf der Suche nach einem, der ihm sagte: „Auch Gott verzeiht dir."

„Als evangelischer Christ kann ich das Gleichnis vom ‚verlorenen Sohn' in der Bibel lesen", sagte er. „Aber ihr Katholiken sprecht von der Beichte, dem Bußsakrament. Erklären Sie mir, was das bedeutet!" Nach mehreren Gesprächen hat dieser Mann am Karfreitag das Sakrament der Vergebung empfangen. Ich habe selten einen glücklicheren Menschen nach einem Beichtgespräch gesehen. Und ich habe als Priester wieder die Ehrfurcht vor diesem Wort gelernt: „Ego te absolvo ... Ich spreche dich los!"

War es eine Sternstunde, als Jesus zum Pfingstfest seine Jünger beauftragte, Sünden zu vergeben? *Jesus sagte noch einmal zu ihnen: Friede sei mit euch! Wie mich der Vater gesandt hat, so sende ich euch. Nachdem er das gesagt hatte, hauchte er sie an und sprach zu ihnen: Empfangt den Heiligen Geist! Wem ihr die Sünden vergebt, dem sind sie vergeben; wem ihr die Vergebung verweigert, dem ist sie verweigert.* (Joh 20,21-23)

Es ist eine Erfahrung, dass wir das Wichtigste in unserem Leben uns nicht selbst sagen können, das bekommen wir gesagt. Eine ganz besondere Form der Sündenvergebung ist das Sakrament der Buße. Bei uns wird es meist verkürzt „Beichte" genannt, weil man dabei seine Schuld nicht nur innerlich bereut, sondern auch mutig beim Namen nennt. Der Priester, der in der Nachfolge der Apostel steht, darf dann im Sinne Jesu die Lossprechung (Absolution) erteilen. Wer dieses Sakrament aufrichtig empfängt, erhält eine große Kraft, sein Leben zu ändern und ganz neu zu beginnen. Soziologen haben festgestellt, dass in Bezirken mit Beichtpraxis signifikant weniger Therapeuten und Psychologen niedergelassen sind.

Für heute: *Doch bei dir ist Vergebung, damit man in Ehrfurcht dir dient.* (Ps 130,4)

Eucharistie im Zeichen des gebrochenen Brotes

Krippe, Kreuz und Altar sind die franziskanischen Meditationsbilder. Immer Christus ganz klein, in seiner Erniedrigung. Für Franziskus gibt es nichts Heiligeres als den Armen und die Eucharistie. Franz ruft vor dem Wunder der Eucharistie aus: „Seht die Demut Gottes!" Kreuz und Auferstehung sind der Gipfel der leidenschaftlichen Beziehungsgeschichte Gottes mit uns Menschen. Das Schlüsselwort zum Verständnis der Liebe Gottes zu uns hören wir in jeder Eucharistiefeier: „pro vobis" – für euch hingegeben. Christus riskierte sein Leben für uns. *Es gibt keine größere Liebe, als wenn einer sein Leben für seine Freunde hingibt.* (Joh 15,13) Doch schon die Feier der Eucharistie ist die „Entäußerung" Jesu Christi in den Gestalten von Brot und Wein.

Franz von Assisi schreibt über die Eucharistie: „Seht doch, täglich erniedrigt er sich, wie er einst vom königlichen Thron herab in den Schoß der Jungfrau kam. Täglich kommt er selber zu uns und zeigt sich in Demut. Täglich steigt er aus dem Schoß des Vaters in den Händen des Priesters herab auf den Altar. Und wie er sich den heiligen Aposteln im wirklichen Fleische zeigte, so zeigt er sich uns auch jetzt im heiligen Brot."[36]

Das ist der Weg der Barmherzigkeit. Für uns und um unser Heiles willen ist er vom Himmel herabgestiegen, um uns zu erretten.

Wenn ich morgens die Konventmesse mit meinen Brüdern feiere, dann ist das nicht nur eine schöne liturgische Feier. Wenn wir uns im Konvent bei der Messe wenig später die Hand zum Friedensgruß reichen, dann wird mir klar, dass das, was wir feiern, Konsequenzen hat und unseren Alltag verändert. Wir feiern, was uns fehlt: Friede, Gerechtigkeit, Hoffnung und Liebe. Wenn ich tagsüber im Sprechzimmer des Klosters Menschen zuhöre, dann hat das mit dem „wir feiern, was uns fehlt" zu tun.

Wir begegnen Christus nicht nur in der Kommunion, sondern auch im Armen. Und Armut in unserem reichen Land hat viele Gesichter.

Mutter Teresa von Kalkutta sagte einmal: „In der Eucharistie empfangen wir Christus in der Gestalt von Brot in unsere Hände. Hier in den Slums von Kalkutta, im zerstörten Leib der Kranken und Sterbenden, berühren wir Jesus auch." Sie fügt aber hinzu: „Nur wer im Gebet das Gesicht Christi erkannt hat, wird es auch im notleidenden Menschen erkennen."

Für heute: *Was ihr für einen meiner geringsten Brüder getan habt, das habt ihr mir getan.* (Mt 25,40)

Pro vobis –
Für euch hingegeben

In unserem Kloster mit seinen langen Gängen gibt es viele Kreuzesdarstellungen. Ein Kreuz spricht mich sehr an. Jedes Mal wenn ich vorbeigehe, höre ich in mir ganz deutlich: „Für dich!" Morgens habe ich das Wort schon gehört, denn bei den Wandlungsworten in der Eucharistiefeier heißt es zweimal: Für euch hingegeben – „pro vobis".

Das Kreuz, das ich liebe, zeigt das aufgebrochene Herz des sterbenden Christus und erinnert mich an ein Wort aus dem frühen Mittelalter, das ich bei einer Pilgerfahrt am Türpfosten eines Zisterzienserklosters las: porta patet – cor magis. Die Tür steht offen – das Herz noch mehr. Wer begreift die Liebe Gottes, mit der er uns umfängt? Kreuz und Auferstehung sind der Gipfel der leidenschaftlichen Beziehungsgeschichte Gottes mit uns Menschen. Das Schlüsselwort zum Verständnis der Liebe Gottes hören wir in jeder Eucharistiefeier: „pro vobis" – für euch hingegeben. Christus ist das sichtbare Zeichen, dass Gott immer gegenwärtig sein will bei uns Menschen.

Gott selbst ist in seinem innersten Wesen Beziehung. Die innigste Liebesbeziehung besteht zwischen Vater, Sohn und Heiligem Geist. Das bekennen wir Christen vom dreifaltigen Gott. In diese Liebesbeziehung zieht Gott den Menschen hinein. Von Gott geht eine Kraft aus, die die ganze Welt durchdringt und umarmt. Er lässt uns nicht als Waisen zurück. Er sendet den Heiligen Geist. Er ist alle Tage bei uns bis ans Ende der Welt.

Die Religion des Christentums ist eine Liebesgeschichte zwischen Gott und Mensch. Im Herzen der Botschaft Jesu befindet sich der Mensch. Er ist das Ziel der Inkarnation und der Erlösung. Der Mensch ist „Angelpunkt" des Reiches Gottes. Der Ort in der Welt, an dem Gott gegenwärtig ist, ist der Mensch. Jesus feiert „am Abend vor seinem Tod" mit seinen Jüngern das letzte Paschamahl. Er bricht das Brot, er reicht den Kelch, den Kelch des neuen und ewigen Bundes: „Das ist mein Blut, für euch und für alle vergossen zur Vergebung der Sünden." Christus ist das Paschalamm, das geschlachtet wurde, um das Volk aus der Knechtschaft zu befreien. Seine Lebenshingabe am Kreuz ist die endgültige Befreiungstat.

„Mein Leben für euch hingegeben!" Kann man ein solches Lebensopfer überhaupt annehmen? Je länger ich darüber nachdenke, umso mehr erhoffe ich, dass einer für mich eintritt und im Notfall alles riskiert. Ich wünsche mir so etwas: einer für den anderen! Wenn niemand mehr einen Finger für mich krümmt, wie kann ich dann leben? Im Notfall füreinander einstehen, das ist die Sehnsucht unserer Zeit, wo so viele allein über die Runden kommen müssen. Einer für den anderen – das kann ich nicht fordern, das bekomme ich geschenkt.

Das ist das Licht, das in unsere Dunkelheit fällt. Die Kälte und Finsternis unserer Herzen erwärmen sich an der Liebe und Hingabe des „Lamm Gottes". Beim Paschamahl offenbart Christus seine Hingabe für diese Welt. *„Es gibt keine größere Liebe, als wenn einer sein Leben für seine Freunde hingibt."* (Joh 15,13) Manche haben an diesem Vorbild Maß genommen. Maximilian Kolbe ging in Auschwitz für einen Familienvater mit fünf Kindern in den Hungerbunker und kam darin um.

Er ist Beispiel dafür, dass man in unserer kalten Welt immer noch die Zeichen der Liebe finden kann.

Für heute: *Zeige mir, Herr, deine Wege, lehre mich deine Pfade!* (Ps 25,4)

40. Tag · Karsamstag

Er ist abgestiegen in das Reich des Todes

Ein Grab ist ein Grab. Karsamstag ist der Tag der Grabesruhe. An Karsamstag wird in der ganzen Welt keine Messe gefeiert. Sie hatten ihn umgebracht und ins Grab gelegt. Was ist da noch zu berichten? Alles wartet darauf, was jetzt neu beginnt.

Als ich die Kirche in Urschalling (Chiemsee) betrat, hat ein Bild mich erschrocken. Gleich am Eingang linker Hand der Höllenschlund, ein Fresko aus dem Jahr 1390. Der Drache reißt sein Maul weit auf. Die spitzen Zähne des Höllenschlundes sah ich zuerst. Dann sah ich Christus, der seinen Hirtenstab in das weit aufgerissene Maul gestellt hatte. Der Drache konnte es nicht mehr schließen. Christus ging den Erretteten entgegen. Einem gab Jesus die Hand, an der der nackte Mensch sich festhalten konnte. So hatten die Christen des 14. Jahrhunderts die Höllenfahrt Jesu dargestellt.

Jesus ist also hinter das dunkle Tor gegangen, von wo niemand zurückkehrt; er ist wirklich gestorben. Das ist das eigentliche Geheimnis des Karsamstages. Der Ausdruck „Höllenfahrt" gehört zu einem anderen Weltbild. Für die Juden und auch für die heidnischen Griechen hieß sterben: in die „Scheol", in den „Hades", in das „Totenreich" verschwinden.

Die Glaubenswahrheit meint: Jesus ist wirklich gestorben. Mit dem Ausspruch „abgestiegen zu der Hölle" wollte man sagen: „wirklich tot", wie ein Toter erniedrigt sein, von diesem Leben geschieden, nicht mehr zur Welt gehörend, die weitergeht. Jesus hat das Totsein mitgemacht, und wir besitzen den Trost, dass wir in den Abgrund des Todes so tief, so finster nicht fallen können, ohne dass Jesus, der dort gewesen ist, uns zeigt, dass auf dem Grund dieser Tiefe das ewige Leben zu finden ist. Im Alten Testament meinte man, Gott kümmere sich nicht um jene, die in der Scheol verweilen. Jetzt wird offenbart, dass auch im Tod der Herr bei uns ist.

Das ist die erste Bedeutung des Ausdrucks „abgestiegen zu der Hölle", dieses Glaubensgeheimnisses vom Karsamstag. Es hat aber noch eine andere Seite. Da nun Jesus bis ins Reich des Todes herabgestiegen ist, ist der Tod entmachtet. Er hat Leben und Licht in die Schattenreiche gebracht. Gott kümmert sich um alle Verstorbenen. Wie Jesus in der Himmelfahrt über alle Himmel emporgestiegen ist, so ist er auch in die untersten Regionen der Erde hinabgestiegen.[37] Die ganzen Chaosmächte sind seiner Herrschaft unterworfen. Er hat die Chaosmächte besiegt.

Die ganze Schöpfung wird als Gottes Bereich verstanden. Im Lichte der Auferstehung bekommt unser Leben eine göttliche Sinnweite. Wenn Menschen sich einsetzen für Gerechtigkeit und Liebe, für Barmherzigkeit, erfüllen sie einen heiligen Auftrag.

Für heute: *Ich will dich rühmen mein Leben lang, in deinem Namen die Hände erheben.* (Ps 63,5)

Ostern

Auferstanden

Zwei Zitate möchte ich zum Schluss hervorheben. Sie haben mich besonders angesprochen.

Blaise Pascal schreibt:
„Es ist nicht auszudenken, was Gott aus den Bruchstücken unseres Lebens machen kann, wenn wir sie ihm ganz überlassen."

Der gütige Beichtvater Padre Leopold Mandic sagt:
„Würde mich der Gekreuzigte wegen meiner zu großen Barmherzigkeit rügen, würde ich ihm antworten: Dieses Beispiel hast du mir selbst gegeben, Herr. Ich bin noch nicht so verrückt geworden, dass ich für die Seelen sterbe!"

Bildnachweis

S. 11: Quelle unbekannt

S. 21: © Waldili, pixelio.de

S. 39: © Rainer Sturm, pixelio.de

S. 57: © 1986 Túrelio (Wikimedia-Commons)

S. 75: © sokaeiko, pixelio.de

S. 101: © Sabrina & Melanie Kirchner

S. 109: Quelle unbekannt

S. 121: © Dieter Schütz, pixelio.de

S. 138: © S. Hofschlaeger, pixelio.de

Textnachweis

[1] Zitat bei Anselm Grün: „Weihnachten – Einen neuen Anfang feiern", Wien 1999, Verlag Herder.

[2] Johannes XXIII. „Geistliches Tagebuch", Verlag Herder, Freiburg i. Br. 1964

[3] Papst Benedikt XVI., „Deus caritas est", Jesus Christus – die fleischgewordene Liebe Gottes.

[4] Im Andenken an meine Lehrerin, Dr. Helga Rusche.

[5] Predigt von Papst Franziskus in Lampedusa, Juli 2013.

[6] Aus: Walter Kardinal Kasper, „Barmherzigkeit", Verlag Herder, Freiburg i. Br., S. 29.

[7] nach E. Bülow, unveröffentlichtes Manuskript.

[8] Aus: Walter Kardinal Kasper „Barmherzigkeit", Verlag Herder, Freiburg i. Br., S. 36.

[9] Aus der Quellenschrift: Perusianus.

[10] Ebd.

[11] Ebd.

[12] Aus: H. Schipperges, Die Kranken im Mittelalter, Verlag C. H. Beck, München 1990.

[13] Norbert Göckener (Hrsg.) (i. A. der Clemensschwestern), Barm-

herzigkeit verändert – Facetten eines lebensbereichernden Weges. Jubiläumsschrift zum 200-jährigen Bestehen der „Genossenschaft der Barmherzigen Schwestern von der allerseligsten Jungfrau und schmerzhaften Mutter Maria" (Clemensschwestern) © 2008 Dialogverlag, Münster, S. 10

[14] Michael Fischer, Barmherzigkeit provoziert – Vom heilenden Dienst zum kirchlichen Dienstleistungsunternehmen, CMZ Verlag, Rheinbach 1970

[15] Aus: Alfred Delp, Gesammelte Schriften, Bd. IV, S. 216–218, Verlag Karl Alber in der Verlagsgruppe Herder, Freiburg i. Br. 1988.

[16] Aus Interviews und Predigten von Papst Franziskus (Vatikan)

[17] Henri J. M. Nouwen, „Nimm sein Bild in dein Herz", Verlag Herder, Freiburg i. Br. 1991.

[18] Henri J. M. Nouwen, „Die innere Stimme der Liebe", Verlag Herder, Freiburg i. Br. 1997.

[19] Henri J. M. Nouwen, „Du bist der geliebte Mensch", Verlag Herder, Freiburg i. Br. 1993, S. 26.

[20] (2.10.09) ‹http://www.marienforum.net/showthread.php?t=157&page=3› (25.11.2013).

[21] Schwester Faustina Kowalska von der Kongregation der Schwestern von der Mutter der Barmherzigkeit (1905–1938).

[22] Aus: Tagebuch der Schwester Maria Faustyna, Parvis Verlag, Hauteville, 9. unveränd. Aufl. 2013.

[23] Ebd.

[24] Oration aus dem Messbuch zum Tag der heiligen Elisabeth von Thüringen.

[25] ‹http://de.wikipedia.org/wiki/Mutter_Teresa› (25.11.2013).

[26] Dr. Ruth Jeutner, Berlin.

[27] Rita Wismann-Baratto, Theologin, Sozialarbeiterin und Familientherapeutin, 10 Jahre Leiterin Beratungsstelle Opferhilfe Aargau/ Solothurn, heute Pfarrleiterin Heilig Geist Pfarrei Suhr-Gränichen

[28] Ders.

[29] Prof. P. Dr. Leonhard Lehmann, Rom.

[30] Ders.

[31] Elisabeth Bernet, Schick mir keinen Engel, aus: Lass mich, Engel, nicht allein, Verlag am Eschbach in der Schwabenverlag AG, Eschbach 2004, © Elisabeth Bernet

[32] Kardinal Walter Kasper, Barmherzigkeit: Grundbegriff des Evangeliums – Schlüssel christlichen Lebens, Verlag Herder, Freiburg i. Br. ³2012, S. 98.

[33] Helga Rusche, unveröffentlichtes Manuskript.

[34] Aus: Kathryn Spink, Jean Vanier und die Arche. Aus dem Englischen von Bernardin Schellenberger, Neufeld Verlag, Schwarzenfeld 2008.

[35] Aus: Henri J. M. Nouwen, Du bist der geliebte Mensch, Verlag Herder, Freiburg i. Br. 1994, S. 31.

[36] Franz von Assisi, Erm.1,7.14–22.

[37] Nach: Xavier Leon-Dufour (Hrsg.), Wörterbuch zur biblischen Botschaft, Verlag Herder, Freiburg i. Br. 31990, S. 346.